半个老班半个妈

张翼 著

中国书籍出版社

谨以此书献给我们的教育事业

校长寄语

亲爱的家长朋友，你了解自己的孩子吗？你是否曾经为孩子的厌学而苦恼？是否正在为孩子的升学选择而为难？亲爱的孩子，你了解职业学校吗？你是否曾经因学习的艰深繁重倍感辛苦，或者正在为没考上一所理想的高中而沮丧无助？你若处在这些情况之下，就请关注一下中国的职业教育吧，就请打开你眼前这部手卷吧。

这是一群中考失利的孩子，本打算来这儿混三年算了，没想到却发现了生命的新天地；这是一名辛苦了几十年的职教老教师，在本可以轻松自在的年龄，却发现了教育的大乐趣；这是一所中等职业学校，在大学生就业压力日趋严峻的形势下，却为青岛经济发展培养输送了一批又一批高素质技能型人才。

"成就一个孩子，幸福一个家庭，奉献整个社会"，这是我们青岛电子学校的教育目标，也是我们每一个职教工作者的教育情怀，我们用学生成长的故事与你分享教育的酸甜苦辣。

这部手卷，没有大道理，却有新内容；这些故事，真实、不虚构，却有趣。相信你，一定不会失望。

崔西展：青岛电子学校校长，青岛市劳动模范、青岛市教育局拔尖人才，先后被授予青岛市优秀教育工作者、首届"齐鲁"名校长、第四届"黄炎培"杰出校长、全国职业教育先进个人、全国优秀教育工作者、学生喜爱的校长等荣誉称号。

老师的话

最健康的教育,最绿色的课堂

"职业学校的课堂是一个纠结的老师带着一群纠结的学生互相折磨的过程。"每当听到质疑中国职业教育,张翼老师就会愤怒地反驳:"谁说的?中国目前最有活力的教育,最有趣的教育是职业教育,我的课堂就是快乐健康的绿色课堂!"

张翼老师所言非虚。她热爱她的工作,热爱她的学生,她的学生也喜欢她。在《半个老班半个妈》这本书中,你会领略到一个职教老师的别样情怀。正如书中所言,教育就是陪伴。她是一名不像教师的教师,她不懂得班主任"兵法",却有教育的智慧,凭纯朴的爱心和责任心赢得了孩子的信任;那是一帮原本不爱学习的学生,没有过人的才智,更没有坚韧的意志,三年职校生活下来,却个个化茧成蝶舞翩跹。

在与张翼合作撰写《平衡观点说心理》一书的过程中,进一步肯定了我对她是一个"有能力,有思想的好老师"的看法。

读过她写的《半个老班半个妈》这本书,不但肯定了我对她的上述评价,更加让我欣喜和敬佩的是她的敬业精神。

在当前教育大环境并不理想的情况下,她凭着对教育事业的忠诚、热爱和敬业精神,在职业教育的工作岗位上做得有声有色,既发扬了"有教无类,因材施教"的优良传统,又充分体现了现代心理健康进课堂的原则。她所编写使用的教材来源于生活,符合学生的需要。课程的教育内容在有收获的前提下,又做到了灵活,生动,有趣。

她的课堂是开放的,师生走出去,请进来,他们天天搞活动,教学方式多样化令人向往。

张翼老师按照"尊重，平等，宽容，理解，真诚"的原则所建立的师生关系，使每位同学在这个大家庭里没有特权，却有话语权，她的学生充分享受到思想自由的快乐。

张翼说她奉行的是"三生教育"，即生活教育，生动教育，生命教育。我认为，"三生教育"就是生态教育，或者叫绿色教育。阅读书中内容，从班级文化建设到师生共同成长的小故事，从学生喜欢的课堂模式到令人欣喜的教育成果无不体现出当今盛行的生态教育的理念——自主性，融合性，创造性，可持续性。

实践是检验真理的标准。

这个班的学生用自己的成功回报了张翼老师所付出的辛勤劳动。

中国心理卫生协会理事
毕希名：国家心理咨询师职业培训专家
平衡心理学导师

朋友的话

一个语文教师的梦想

张翼是我已经交往了十多年的朋友，也是我创立的语文特级教师工作室的成员之一，她跟我一样，既有在普通中学教书的经历，又有在职业学校任教的经验。

她一直称自己的班级为"我们班"，称学生为"孩子们"，在她的潜意识里，她可能始终没把自己当成师尊，她想当一个"孩子头"。

我与她这个班有缘。经常去她班听课，还偶尔去电子学校111教室找她；我组织的语文主题活动里经常有这些孩子们的身影。记得2009年山东省职业学校学生语文基本功比赛，她班的张君同学为青岛市夺得了一等奖。2010年的青岛市职业学校课本剧比赛，她班表演课本剧《落日》，上台表演的演员最多，为了演一个没有台词没有表情一直躺在舞台上死了的日本兵，同学们争得不可开交。还有我的课题研究，她班自然成了我的试验田，其中获得青岛市中职学校优秀教学法的"小活动大语文"教学法也是在这块"试验田"里结出的丰硕成果。当然，我对这些孩子们的了解，更多是通过张翼的博客。张翼开博算不上笔耕不辍，但从2007年到2010年这三年，恰好是张翼博客最丰富的三年，在那儿，几乎会看到这个2007级1班所有学生的名字，从中了解到关于孩子们的很多故事。

张翼，80年代末毕业于曲阜师范学院中文系。在曲阜的四年刻苦读书，形成了她独特的教育理念：孩子不是管出来的，甚至不是训出来的，孩子是需要自觉成长的，无论家长还是老师，要学会等待。她在她女儿身上就采用这样的方法，女儿很乖巧，教育理念在家庭教育中的实践很成功。女儿现在法国学艺术，多才多艺，学业有成。张翼对自己的学生也采用这样的方法，可是在职业教育中的实践就没有那么容易，于是就形成了许多师生相伴成长的精彩故事。我就鼓动张翼把故事写出来，而张翼自己也对2007级1班做出了要把孩子们的故事写成一本书的承诺。现在书稿终于放在我书桌上了，几乎是一口气把十多万字读完了。其实我已经读了若干遍了，只是这崭新的一稿，图文并茂，尽管学生们已经毕业去了四面八方，女儿还是根据妈妈的描述把班里每个孩子的肖像插画画出来了，并且文字更加有表现力，可读性更强了。我想，无论是为师者，还是为人父母者，特别是孩子们，静下心来读读这些故事，应该都能汲取到不少的养分。

走进电子学校语文组办公室，你一眼就能看见墙上悬挂着杜威先生的教育名言"教育即生长，社会即学校"，张翼和她的语文组同仁一起，在电子学校这方肥沃的热土上，把"生活教育"理念践行在教育实践的每一堂课上。开放的课堂让孩子们享受到了生活的教育、生动的教育和生长的教育。生命之树因"开放"而葱郁，"试验田"里因"开放"而茂盛。生命之树扎根在生活的土壤里，从大地汲取营养，从自然博取阳光，持续生长的能量足以抵御风雨洗礼，寒暑更替。特别是张翼"在活动中成长"的教育理念让2007级1班的孩子们找到了语文学习的乐趣。语文活动是他们班的特色，语文课堂上，每个孩子都在活动，大大小小的语文活动，让孩子们享受职教语文教学的自由阅读和自主发展的快乐。三年下来，这些曾经的"问题生"已不再是问题，相反，在过程学习中，孩子们会提出各种各样的问题，甚至能把老师难倒。孩子们变得善读、善说、善写、善辩、善演；学习中，孩子们还擅长配合，擅长动手，擅长组织，擅长调研，擅长沟通。三年后，全班31个孩子个个都长能耐了。在2007级1班这块教育的伊甸园里，孩子们体味着教育的诗意，领悟着生活的真谛，这里，没有失败，没有忧伤，没有谎言，没有孤单。

生活中的张翼其实不是一个精致细腻的人，但对工作却超乎寻常的精细认真，大到每个孩子的发展目标，小到让孩子们回自己家吃顿她亲手包的饺子，一一思量周全。她说："如果说教育就是陪孩子'玩耍'你一定不接受，但真正的好老师就是陪孩子'玩耍'，好家长也是。因为孩子的世界就是'玩耍'。我不太拿自己当回事儿，我本人也不算是个事儿，但我干的这份工作是个事儿，每个孩子的成长都是个事儿，何况我每天都面对好几十个孩子，孩子们又那么喜欢我，这能是个小事儿吗？"多么通俗的语言，又是多么深刻的道理。

如果你认真阅读这本书，会有一个疑问：没从她们的故事里借鉴到多少教育经验啊，甚至作为一个教育工作者，感觉她们的一些做法尚待商榷。但我以为，这恰恰就是本书的价值所在。把真诚的教育实践真实的呈现出来，尊重自己，尊重孩子，也尊重读者。更何况，已到天命之年的张翼，几年来，认真阅读了《苏霍姆林斯基选集》（五卷本，教育科学出版社，2001年8月）、《陶行知教育名篇》（教育科学出版社，2005年1月）、《陶行知教育文集》（四川教育出版社，2005年5月）、《杜威学校》（教育科学出版社，2007年1月）等教育著作，理论的指引使得实践的方向更加明晰。其实，在职业学校，尊重和陪伴就是最好的教育。"天命之谓性，率性之谓道，修道之谓教"，可见，"率性"并不是任性，而是遵循"天命"，遵循孩子的天性，遵循自然的规律，这才是教育的大"道"。

张翼老师告诉我，她的梦想是自己享受人生并帮助别人享受人生。希望张翼能毕生为了这个梦想而努力。

刘炜写于信号山

刘炜：山东省特级教师、青岛市拔尖人才、青岛市首批正高级教师，原青岛市职业技术教育教研室副主任兼语文教研员。

为了一个承诺

张君

  突然,接到张老师电话,说要见我们,邀请我们去母校做客。有种预感,我们班又要举行活动了。张老师要践行她的诺言了么?
  果然,老师这次请来的都是07级1班的班委,商量书稿筹划等事。几年前的夏天,我们班毕业离校的时候,张老师答应我们,要把我们07级1班写成书,把我们每个人的故事都写出来,因为我们的故事太精彩,不写可惜啦!老师说,我们07级1班31个人,一个都不能少……

人物介绍

老张

外号"张将军",07.1班班主任,111教室的"孩子头"。

娜娜	蹦豆
"王大拿"，班级卫生部部长，校学生会文艺部副部长。灵活，坚韧，豪爽。	班级卫生部副部长，图书馆副馆长。淳朴，执着，有正义感。
一排1座	一排2座
郭郭	勇子
语文课代表，外憨内秀的文艺小清新，网络签约作家。	温暖、贴心的"好哥们儿"，最喜欢说"行吧""那个，什么……""我觉得——"
一排3座	一排4座
佳佳	小和
班级卫生部部长、英语课代表，校广播室室长、广播操领操员，校学生会主席。外柔内刚，坚强成长的典范。	代号"猴子头"，班级体育部部长。严厉，正直的"大法官"。
一排5座	一排6座

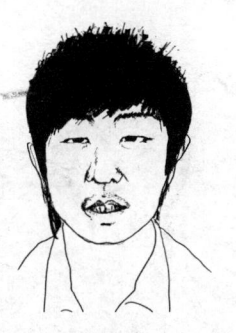

· 9 ·

小鱼	"非常3+7"组组长，班级组织部部长，校义工部骨干。浪漫，纯真，聪明的"点子王"。
二排1座	

"领头羊"之一，语文课代表，班级生活部部长，团支书，校学生会副主席及许多个社团负责人。能力超强，才华横溢，个性鲜明。

君君

二排2座

"箫韵组"组长，班级生活部部长，校文学社社长。文静，坚韧，认真，深受信任的"大管家"。

凤儿

二排3座

电子马、马桶飞、销魂哥……绰号最多，最有趣的人物，嘻哈风情，无厘头。酷爱动漫，动手能力强。

小马哥

二排4座

花姐、兰花花，纯朴善良的崂山女孩。毕业后赴泰国旅游，在普吉岛游玩时不幸溺亡。

兰肃

二排5座

团支书，校志愿者部部长、话剧社骨干。温和，倔强，学业突出，喜欢音乐，为人有趣。

喜洋洋

二排6座

班级宣传部部长、团支书，校宣传部部长。敏感，多才，高冷，人称"女老大"。

兔子

三排 1 座

　　外号"地鼠"，班级纪检部部长，校义工部骨干。幽默，仗义，班级"人气王"。

吉吉

三排 2 座

　　班级学习部部长，校秘书部部长。兼具聪明与迷糊，认真与拖沓多种特质，文静和蔼的"女秀才"。制作甜点堪称一绝。

神马

三排 3 座

　　因长相肖一伟人，遂得名"小东"，班级宣传部部长，闻名全校的"街舞王子"。

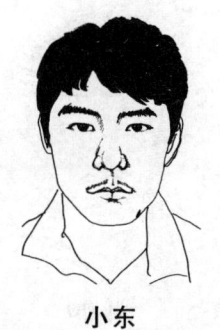

小东

三排 4 座

　　数学课代表，代号六六，老实可靠，安分守己的榜样。

顺子

三排 5 座

　　班级体育部部长，体育特长生，同学们的开心果，一个外圆内方，外谐内庄，嘴巴会惹麻烦的家伙。

丸子

三排 6 座

黑客　代号"师傅"，专业课总课代表，校科技部副部长。执着，倔强，技术宅。	瀚瀚　团支书、图书管理员，校心理社、文学社、话剧社骨干。为人坦荡，性格随和，爱吃。
四排 1 座	四排 2 座
斌 go　物理课课代表，厉害的角儿，倔强，耿直，纯粹，班级"道德观察家"。	婷嫚儿　倔强，感性，能说会写，班级诗人、小说家，出过专辑。
四排 3 座	四排 4 座
胖子　又名"大胡子"，班级"黑马"之一，性格宽厚而又神秘，人称"最熟悉的陌生人"。	小猪　一只聪明可爱的"小猪"，永远能找到自己的"舒适区"。
四排 5 座	四排 6 座

阿斌哥	"品尚组"组长，校义工部、微机小组骨干。上学，工作，恋爱，奔波忙碌的班级"小能人"。
五排1座	

小泽	率真，恬淡，零脾气的"王老板"。
五排2座	

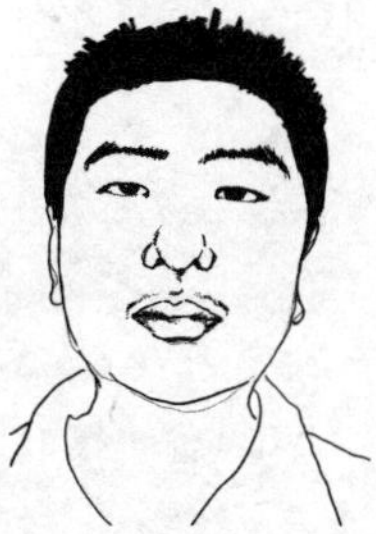

子健	温暖，和气，爱唱歌的"乖孩子"。
五排3座	

老弹（tán）	安静，被动，出名的"好脾气"。
五排4座	

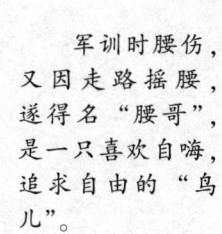

班长	"领头羊"之一，班长，校纪检部部长。聪明，敏感，有担当，班级"顶梁柱"，"背黑锅"专业户。
五排5座	

腰哥	军训时腰伤，又因走路摇腰，遂得名"腰哥"，是一只喜欢自嗨，追求自由的"鸟儿"。
五排6座	

· 13 ·

宽厚,讲仁义,修养好,班中德行"无冕之王"。

大哥

六排3座（大哥没有同位）

目 录

卷一　当温暖遇上冰冷

2	温暖遇上了冰冷
3	111教室没有恐惧
4	同位，你好
8	我们签了"公约"
11	停止游戏，开始成长
14	老师进京"请愿"去
16	"湘苑"诞生记
18	班刊、班志、文化墙
21	"头羊"新政
24	2008"最美饺子宴"
28	教师节礼物
31	制造"死猪"？
33	换老师风波
35	做老师，说话要谨慎
37	他们只是看你面子

40	说"感动"
42	"老师打人了！"
44	突破
47	开放，使我们如此快乐

卷二 每个人都有了自己的故事

50	**听老张讲故事**
50	第一个出"故事"的人
53	斌 go
62	婷嫚儿
69	"你打我呀！"
72	"猴子头"
75	"一根筋"
80	我与君君
90	丸子与大拿
93	哭兰肃
98	**听君君讲故事**
98	我来了
100	进"家"门
101	老张，你被我的外表欺骗了
102	火了，红了，亮炸天！

107	这"孩子"我们管不了了!
108	三人行
111	我们在一起
115	**听小鱼讲故事**
115	我的青春期
116	不要先说自己不行
118	我们八个

卷三 这样上课，大家都喜欢

122	"每日一说"
125	"小秘书"
127	我手写我心
130	写诗，写歌，写小说
135	"采风"归来
138	好书推介会
141	洗课
145	舞台也疯狂
147	走出去，请进来
150	集体"翘课"
151	阅读自然这本书
155	特殊的寒假作业

卷四　长大了，唱一首我们自己的歌

160	《07级1班》
162	娜娜：这三年我改变了很多
163	蹦豆：这三年，我长疯了
164	郭郭：我们正在慢慢地强大
165	勇子：三年的生日都有很多人陪我
166	佳佳：这三年里，酸甜苦辣都尝遍了
167	小和：生活就是吃饭，睡觉，打"老弹"
168	小鱼：班，原来可以是一个家
169	君君：脑子里突然浮现了好多张脸
172	凤儿：我认为我会做的和他一样好
174	小马哥：高中三年确立了我的国士无双之路
175	兰肃：回味起来，真觉得好幸福
176	喜洋洋：由动漫我又喜欢上了日本的音乐
177	兔子：要离别了才发现，我很爱大家
178	吉吉：肯定是我自己的问题
179	神马：我慢慢发现了我们班的美好
180	小东：有了自己喜欢的事情做
181	顺子：数学课代表对我而言是一个考验

182	丸子：欢迎来到我们的班集体
183	黑客：成长真不是一件轻松的事
184	瀚瀚：最美好的记忆是中午抢饭
185	斌 go：在这儿我学会的是课本上无法承载的东西
186	婷嫚儿：在你身边
187	胖子：艰苦的训练让我学会了吃苦耐劳
188	小猪：我会保存，备份，加锁，转存到大脑
190	阿斌哥：高中三年，把我从未成年熬成了成年
192	小泽：这个班级每个人都是"老大"
193	子健：我不再想逃
194	老弹：从没赢得这么爽
195	班长：最后的疯狂
196	腰哥：人活着就要活出自己的尊严
197	大哥：那天晚上，我们都睡不着
199	老张：我在你们眼中什么样？

后记

202	跟孩子一起，最浪漫

教 育 即 陪 伴

雨雪风霜，寒来暑往，当温暖遇上冰冷，造物主就开始了创造。

卷一
当温暖遇上冰冷

温暖遇上了冰冷

2007年8月26日，是我和孩子们第一次见面的日子，恰逢我阴历的生日，我刻意穿上了小红褂。我觉得这两件事都值得纪念。

我扬着灿烂的笑脸到大操场去迎接他们。见到他们第一眼，热腾腾的心就被泼了冷水——迎接我的是一张苍白而瘦长的脸（那就是我们可爱的"小马哥"），当我热切望向他，回应我的竟是厌恶、桀骜，像剑一样犀利的目光，我一时不知所措。为避免尴尬，我赶紧招呼其他人："07级1班——"，听到喊声，散乱在操场各个角落的孩子慢慢凑过来了。没有新生该有的紧张和期待，像吃了败仗的士兵，一副副无精打采的样子。

冷漠，遥远的距离。

我好难过！这就是我刚招募到的新"兵"——青岛电子学校入校分数最高的大专班的孩子们。虽是大夏天，感觉不到温度，只觉一阵阵冰凉。我真切的感觉到他们急需的不是知识，而是尊严；他们稀缺的不是教化，而是快乐。

同时，我心里涌上一股豪情：他们需要阳光，就让我做太阳吧，谁让我是张将军（我大学时的绰号）呢？他们已经来到我身旁，我要好好陪伴他们，让我和这31个孩子快乐成长！

这大概就是别人眼里的浪漫吧？

按高矮个坐定位子后，我说："孩子们，从现在开始，我们就在一起了。三年，这个111教室就是咱们温暖的'家'，让我们在这个家里一起成长吧。没有比家更温暖的地方了!"

孩子们的眼神有一点点变化。

111教室没有恐惧

开学第一个班会,我主持。大家惴惴不安地静待训话。按常规,应该讲校规校纪,但我不愿那样,我喜欢讲故事。

我说:"我有一个女儿,年龄跟你们一样大,也刚上高一。我们俩关系像朋友,工作的事也经常问问她。前几天,我问她'你认为做一个老师,对学生的态度最重要的是什么?'她说'是公平'……"

话还没说完,突然,课堂上爆发出雷鸣般的掌声。吓我一跳,仿佛突然碰上哑巴说话,同学们的热情来得太突然,我还没准备好迎接掌声,掌声就来了。后面说的什么我也记不清了,但我从孩子们兴奋的表情和明亮的眼神里读出了他们的需要和期待。

可是,我并不确定以后三年我与他们关系会怎样。公平的标准在他们心里,面对31个性格不同,问题多多的孩子,我即使努力做到公平,就一定不会令他们失望吗?

这可把我自己推到风口浪尖上了,怎么办?开弓没有回头箭,话已说到这个份儿上,那就只能高举公平大旗,勇敢地走下去。

无论如何,先消除孩子们内心的恐惧。

《第56号教室的奇迹》教主雷夫·艾思奎斯认为"打造无恐惧教室并非易事,可能得花上好多年的时间,但这么做是值得的"。我想我们111教室可以无恐惧。

　　首先，我们没有高考的压力，孩子们勿需为分数的排名而恐惧。

　　其次，做为班主任的我是一个特别不令人恐惧，且不擅长利用恐惧的人。虽然我外号叫"张将军"，可孩子们没有一个怕我的。

　　在班级中我不会给任何"强人"恃强凌弱的机会，哪怕是我最信任的"领头羊"。

　　三年下来，我也没在这方面太刻意，孩子们都是快乐多多，收获多多。如果他们觉得不公平，如果他们心存恐惧，怎么会如此快乐呢？

　　111教室没有恐惧，这在中国的教育界算不算另类，我不知道，只知道梦想的种子在这儿发了芽，孩子们快乐的成长着。

同位，你好

　　职业学校的孩子不爱学习，喜欢调皮捣蛋，我们从事中职教育的人在很大程度上就是"管理"学生，"管理"好了便成材，"管理"不好，也没有办法。要"管理"他们首先要弱化他们的"能量"，因此，班主任们不约而同的爱上了"去同位化"的管理手段。单人单桌，学生少了"结合力"，就少了许多滋生事端的机会。在中国目前的教育体制下，"去同位化"是许多为师者避免产生管理问题的有效手段，这本无可厚非，但它剥夺了孩子成长过程中很重要的经历与伙伴，这是一个不容忽视的问题。

　　而我却对"同位"这个概念很有好感。"同位"是留在记忆深处我学生时代最美好的回忆，另外我很看重"同位"的育人功能。谁也代替不了同龄人的作用，"同位"是学生时代最亲密的陪伴，独生子女尤需"同位"。在同位的搭配上我非常重视性格和性别因素：同位的性格既不能太近，也不能太悖，要有"交集点"，以便于互补，互助，共同成长。男女尽量搭配坐，这样有利于学生成长和班级文化建设的需要。我班换位的频率一般一年一次，太勤了不好，还没磨合好就分开，不利于互相了解促进。当然也不是一成不变，发现哪儿有问题，会随时调换，但大局要稳。

07.1班班级大排位共有三次，第一次刚入学，按高矮个排排坐，大家默默坐下，没有表情，也没有言语表达；第二次按性格性别排坐，大家听从我"张将军"的调遣，这期间免不了会有些故事，后文有叙；第三次最有意思，抓阄，抓着谁就跟谁一位，这是最后一年的大排位。

抓阄选同位是07.1班的创举，以前从未尝试过。我是想看看同学们自我成长的能力，如果大家都能接受这样随机抓来的新同位，并且能较快和新同位建立起和谐友好的关系，那说明我们班就是一个健康指数比较高的班集体，也证明孩子们与人相处的能力提高了。

让人欣慰的是，这次排位出奇的顺利。每个同学都高兴地接受了自己的同位，如果恰巧又是原来的老同位，仿佛前生有约一般，简直是欣喜若狂。

同位教育确有其不可替代性。请看下面两组同位的相处之道。

改变源自同位
神马

作为学生，一天24小时，除去吃饭，睡觉，有近10个小时在学校里度过，而在学校里，与我们接触最多的就数同位了。

有同位总是好的，他会使孤独的人感到一丝温暖，浮躁的人获得一份安静的力量，变得沉静、温柔、可爱。人与人是不同的，不管是性格、习惯还是爱好、专长，因为成长环境的不同会有很多差异，再加上独生子女的问题，我们与人相处总有些不适应。同位的影响大多时候比家长、老师影响还要大。同位两个人坐在一起，多少都会有些影响，从而使各自发生一些改变，但向哪个方向变就看各人的影响能力和分辨能力了。

我的同位吉吉，一个开朗、很好玩儿的人，虽然他上某些课容易撑不住卧倒，但他对英语课的热情却感染了我，使我对英语课产生了浓厚的兴趣。对于他不喜欢的科目，如数学，我都会尽量地不让他睡觉，多听一点儿。虽然让他喜欢上数学课很困难，但我这样做还是有一点作用的，最起码他的数学及格了。

在我们一生中有无数次改变的机会，同位的影响，将会是人生兴趣爱好改变的原因之一。

这温暖细腻的文字，出自温柔善良的女生神马笔下，怎样顽劣的孩子在这样同位的陪伴下能不安静下来？正如文中所说的，同位的影响有时比家长、老师的影响大。

我的同位"小龙女"

小和

我有一个同位，她长得不是很差，可就是不太顺眼。跟她一起坐了一年多，逐渐了解了她。

她成绩不错，是个学习认真、很有上进心的人，被广播室录用。她一天到晚忙来忙去，还不停地抱怨。累得心情不好时就朝我发脾气，就跟我欠她的似的。累大了就半死不活生了病，不是肚子疼就是腰疼，不是头疼就是脖子疼，反正没个好地方。她有个最大的弱点是耳朵不好使，不管是上课还是课间,你叫她的名字,总要叫个两三遍她才能听见,但我骂她时,多小的声儿都能钻进她的耳朵,这难道就是传说中的"小龙(聋)女"吗?真是奇妙啊!

其实她也挺好的,很爱帮助别人。一年多了,她没少照顾我,经常帮助我(有时候也挺气人的),例子就不要举了吧。再一个就是她很有礼貌,挺细心。不管是班级工作还是自己的事都井井有条,清清楚楚的,唯恐有一点儿疏忽。

这就是我的同位,让人哭笑不得的"小龙女"。怎么说呢?她还是一个不错的同位吧。希望她能继续努力,再创佳绩!

多么亲切生动的语言!这是大男孩小和写在周记本里的,每次读到这篇文章我都忍俊不禁。这种纯绿色,无污染的情感,只有家人、同学之间才有。我敢说,仅凭一个同位,他就不会厌学,甚至会怀念自己的学生时代。

我瞬间觉得自己很伟大!

我们大家在一起三年,从未听说哪两个同位闹过矛盾,说起同位来满嘴都是佳话。"同位,你好","咱俩同位!"07.1班每次同学聚会,"同位"的话题往往是大家最感兴趣,永远不可缺少的内容。

"我班有同位"是07.1班人前炫耀的话题之一,因同位而快乐更是我们班值得骄傲的标志。

我们签了"公约"

没有规矩，不成方圆。公平和相互尊重是我们班的核心价值观。公平不是没有规矩，而是在规矩中确立平衡；尊重也不是没有规范，而是在规范的基础上相互信任。

班级成立后，第一件大事首先立规矩，确定老师、家长、学生三方公约。下面是我和班委协商起草的"班级公约"。

公约意味着公平，公正。我们把对老师、家长的约定放前边，要求孩子做到的，老师和家长首先要做到。三方签字，还意味着老师、家长、孩子都有遵守和相互监督的责任和义务，这样学生能感受到一种平等的待遇。

07.1班是一个公平民主的班级体，不再老师一人说了算。本公约是在开学两个月后，同学们都熟悉了环境，彼此认识了以后才制定的。赶在期中考试之前印发给同学，由同学带回家给家长审阅，期中考试后的家长会上签字生效。

阅读着"公约"中温暖亲切的话语，在充分享受民主与尊重的基础上，同学和家长都愉快的签了字。

大政方针不能含糊，"公约"一旦签字生效，成为班级的"法令"，不能违背与破坏，否则，班级管理就失去了"公信力"。班级这艘航船能否驶向光明和快乐的未来，就看这个"约定"的实效了。

班级公约

从陌生到认识，从认识到了解，从了解到接纳，经过半学期的接触，我们07级1班已经成为一个健康，快乐，向上的班集体。为了保证同学们茁壮成长，特制定班级规则如下：

班主任规则

1. 尊重、关爱学生，负起引导和教育学生的责任。
2. 协调学校、家庭和学生三者关系，使得教育工作顺利有序地开展。
3. 公平地对待每一位学生，认真对待每次教育契机。
4. 始终以一个教育者的形象出现在学生面前。
5. 以诚恳的态度接受学生和家长的监督。

家长规则

1. 尊重、爱护孩子，负起引导和教育孩子的责任。
2. 配合学校和老师做好教育工作，保障孩子健康茁壮成长。
3. 负有沟通家庭、孩子和老师三者关系的责任。
4. 生活上照顾好孩子，注意自己的行为和形象在孩子眼中的影响。

学生规则

1. 负有自我教育、自我成长的责任。

2. 尊重家长和老师的教育工作。

3. 严格遵守学校的规章制度，自觉完成学校布置的作业和其它工作。

4. 以宽容和仁爱的心与同学和睦相处。

5. 若违反纪律，诚恳接受应承担的相应责任，并勇于改错。

让我们共同努力吧！

老师：_____ 家长：_____ 学生：_____

青岛电子学校2007级1班

2007年11月16日

停止游戏，开始成长

网络游戏害苦了中国相当多的家长和孩子，尤其是那些聪明、性格内向的男孩，很多因迷恋网游荒废学业甚至走向犯罪的道路。于是，家长视网游如洪水猛兽，有的甚至扯断孩子的网线，或者干脆不买电脑。最终，孩子要么被赶到网吧里疯玩，要么困在家里较劲。

中考失败，考大学没希望了，选择职业学校混上几年，将来起码有个文凭。所以，职业学校成为网游重灾区。

我们计算机应用专业很多孩子就是冲着玩电脑游戏方便才选择了该专业，认为没了升学压力，就可随便玩游戏，对于他们来说，计算机应用就只应用于游戏。

面对这样的学习态度，如果不能用生动活泼的学习方法，让孩子们喜欢学习，不能把积极健康的学习生活充实到孩子们的生命当中去，这三年的中职生活就会成为他们"生命中不可承受之轻"。

既然把孩子们招进来，我们有责任让孩子调整状态爱上学习。

鉴于此，我给家长写了一封信。

尊敬的家长：

您好！

为了让学生更好的掌握专业技能，提高学习效率，根据本学校所设专业的特点，结合本班学生的学情，班级的专业课学习计划调整如下：

首先，因学校实验室有限，不能满足学生专业知识的全部学习需求，尤其我们计算机应用专业，应用范围广，技术更新快，专业信息量大，要真正学点能在将来立足于社会的本领，必须培养自学能力。为此，请配合学校帮助孩子制定学习计划，让他们通过自己的努力完成老师交给的专业课题及自学任务。

其次，为了完成上述目标和计划，恳请各位家长尽自己的财力和精力为孩子提供必要的学习条件。在学生自律情况下，请给予一台计算机和网络的支持。

同时，请各位家长监督。

谢谢！

在此处留下您宝贵的意见

家长：	学生：

家长纷纷支持老师的建议，学生当然更加愉悦，于是，学生均用上了电脑，插上了网线。在专业学习中，孩子们能否从游戏的泥淖中走出来，成为家长和老师最关注的焦点。

网游问题不是一封家长信，几句口号就能解决的。我明白，放开网络是个险招。对付网游这场战役，如果没有过硬的本领和坚定的信念，"敌人"很快会卷土重来。

但我有信心。

首先我充分利用学校的资源把孩子们在校时间控制起来，然后通过搞活动让他们集体动起来，心热乎起来，让他们在现实生活中有朋友，有事干，有书读；通过打工或者做公益把他们推向社会，远离电脑桌；组织他们郊游，鼓励他们运动，搞创作：通过做事让他们的生活变得有意义。

我用了很多办法成功地占领了孩子们成长的主阵地。游戏，再也没有猖狂作乱的机会。

一年的时间，解决了网游的困扰，孩子们顿开枷锁走蛟龙，各个忙得欢天喜地，都在自己擅长的领域里大展身手。

曾经被网游害得几年没出门，体重暴增70公斤的瀚瀚发出了这样的呐喊：

让我最后一次凝望这里吧……愿高山之王安威马尔永远守护着这里，愿圣光与所有人同在——

两年前，在我最痛苦，最无助的时候，《魔兽世界》进入了我的世界，当我迷上它的那一刻起，游戏就占据了我整个思想和生活。朋友、力量，现实中一无所有的我，在游戏中迅速的拥有了这一切。残酷的现实，更让我迟迟不愿醒来。就这样，两年的时间，我在迷醉中度过。

两年中，我为游戏付出了多少，已经无法统计，游戏带给了我多少幻觉的欢乐、感悟和激情，同样无法统计。可是我的生活还剩下什么？糟糕的身体，痛苦的父母……当我终于从迷醉中醒来，却痛苦的发现，原来我什么也没做过。

为了游戏我真的失去了太多，我现在唯一该做的就是找回我自己，找回那些该属于我的东西。

于是2007年10月21日20：00点整，伴我两年，见证我无数"欢笑"与"感悟"的光芒正式消逝在这人间。游戏结束，生活开始了。

以后游戏都只是游戏，不再沉迷……

网游"老饕"瀚瀚后来成了图书管理员、团支部书记，为班级做出很多贡献。

13

解放思想，放开禁锢，在07.1班这个充满活力的班集体，网络游戏只是游戏，已不再是个问题。

老师进京"请愿"去

2007年冬，去重庆参加全国说课比赛，我的"活动法"教学引起了在场教育部职成司领导的关注。不久，接到教育部职业教育与成人教育司打来的电话，邀请我参加2007年12月在北京召开的"中等职业学校文化基础课程改革工作座谈会"。

这是一次难得的学习机会，更是一个能跟教育部职成司领导和专家直接交流的机会，我要利用这次机会为我那些孩子们去呼吁：呼吁教育公平，呼吁职教改革。

我做班主任有个习惯，只要离开学生，哪怕半天，也要跟孩子们打个招呼，唯恐学生找不到我，何况这次要出远门。于是，我跟同学们说："孩子们，老师要去北京开个会，去替你们'请愿'，三四天的功夫，你们好好在家学习。表现好的话，回来有好吃的哦。"

老师进京"请愿"，去替他们"说话"，能不好好表现么？

我怀揣着一份使命感进京了。参会者有教育部职成司的领导，有来自北大、首师大、华东师大的教授，有来自北京、上海、广州、福建教育界的领导、校长和一线教师，共二十余人。

我代表一线教师发了言。我先从一个中职教育实践者的角度分析了当前中职教学的现状，介绍了青岛市中职教育文化课改革的经验，并提供了青岛电子学校语文教学"小活动大语文"的特色案例。当然，来京之前我做了充分的准备，并且在全市、全校范围内做了问卷调查。

会议期间，我提供的第一手材料和来自基层的报告很受重视，我的"活动法"教学和"活教育"理念受到普遍关注，我孜孜以求的教育公平梦也打动了在场的所有人。听了我的发言，他们更多的是感动。甚至有些教授在会议上动情地表示"从张老师身上看到了职业教育的希望"。还有的学校领导直接邀请我到他们那儿工作。

这些，在当时我并没往心里去，我只是一门心思把要说的话说出来，让教育部高层领导、专家们听听。在我看来，这些人都是决策者，最起码是说话有分量的人，要让他们关注一下中国教育的第三世界——职业教育，让这些社会弱势群体的弱势孩子享受到公平的教育。

我很高兴实现了自己的愿望——为职教孩子"说说话"。

晚上，纪律委员吉吉发来短信："老师，同学们这几天没有一个捣乱的，都很听话。您放心吧！"

当然，我也捎回了北京的点心和果脯给他们吃。111教室一时热闹得跟过年似的。

当时我一直很兴奋，没想太多。现在回想一下，我的发言是不是会议的计划都不一定，我只记得讨论的时候我本来是坐外圈的，可我不知什么时候自己坐里面去了，也不知怎么就发言了，并且发言时间最长，大家听得最认真。

不知今天职教改革的一些政策跟那次我的努力有没有一点关系，但我们2007级1班的同学们都认为有关系。

"湘苑"诞生记

"湘苑"是我们07.1班图书角的雅号，怎么样？书香味十足吧？

2008年春，07.1班成立的第二个学期，班级还没有形成自己的风格，班级文化建设正在进行中。如何改变孩子们自卑、怯懦、退缩、冷漠的性格，成为班级文化建设的难题。

我苦苦寻求良策。

某日，我立于教室一隅，看窗外姹紫嫣红，生机勃勃，突然冒出一句：春光明媚无限好，正是男儿读书时。读书是医治浮躁的良药，我是语文教师，何不发挥特长，引领学生读书呢？

据我所知，这些孩子很少读书，有的学生一本课外书都没读过，当然，课内的书也不怎么读，所以，他们极度缺乏"营养"。就让我们从读书开始吧。读书！

读书这件事情不能摆样子应景，要有实效。漂亮的书橱和好读的书是吸引学生的第一步。书源好说，光是我家的书就足够全班学生读一个学期的了，还可以发动全班捐助。

于是，我开车拉上几个学生，先去我家搬书。不一会儿工夫，两大箱子书运抵教室。

书橱呢？请求学校援助！

我拟定了一份申请书，恭恭敬敬地递交了学校领导，首句是"春光明媚无限好，正是男儿读书时"，没想到工作很顺利，学校领导当即批复，表示大力支持。规定只要班级藏书超过200本，学校就提供一架精美的书橱。

孩子们高兴极了，纷纷往学校拿书。一天功夫，藏书就超过200本。有同学们喜爱的漫画故事、青春小说、励志丛书，有过去接触不多的自然、科学、历史，人物传记，还有大量的杂志、专业书刊，校长都捐赠了数十本的《电脑爱好者》和《大众软件》。学生如获至宝。

不到一个星期，我们的小小"图书馆"建立起来了。

我告诉同学们要爱惜书，这些书都是同学和老师精心挑选出来的，有些书老师和同学都还没来得及看就拿来了；书橱也是我校最漂亮的一个橱子。我们要用感恩的心来对待这件事。所以，同学们在捧起一本书的时候，是带着一颗虔诚的分享心来阅读的，因此，读起来也特别有滋味。

开始，图书角名字叫"香苑"，取书香满苑之意，后来觉得"湘苑"更有文彩，于是"湘苑"诞生了。

我们挑选班级最爱读书的人担当"湘苑"管家，制定借阅规则，并且定期召开读书会，举办"百科知识对对碰"等活动。这些由"湘苑"而衍生出来的文化活动，对我们班风的建设产生了很大的影响。

"湘苑"成了我们班重要的一员，也成了孩子们的精神"粮仓"。同学们再也不会闲着没事儿干了，自习课写完作业，就到管理员那儿去登记借阅，读不完可以带回家去继续读。同学们有很多阅读的自由。

自从有了"湘苑"以后，我们班自习课再也不用老师盯着了，有的写作业，有的读书，教室里静悄悄的。

书真是个好东西，读着读着就上瘾了。不知从哪天起，班级风貌发生了变化，同学们学会了思考，学会了分享，学会了创作。学生的模样也发生了变化：浮躁的心平静了下来、迷茫的脸从容了。

腹有诗书气自华，"湘苑"补充了孩子们精神营养，他们的精神健康状况开始好转了。在书的滋养下，班级原有的如打架、骂人、抽烟等不文明现象不知不觉地消失了。

07.1班的同学在"湘苑"文化的熏陶下逐渐形成了一种独特的气质，同学们脸上洋溢着祥和快乐的光芒，面对这种独特的"书香味"，学校的老师们都赞扬我们班学生幸福指数高！

"湘苑"的影响力越来越大，邻班的老师和同学有时会前来，一睹她的风采，观赏完了还不忘借走一两本。班主任们纷纷跟学校申请书橱。不久，一车崭新的书橱"走进"校园。

在"湘苑"的带动下，读书，已成为我校校园文化一道亮丽风景。

当然，班级文化建设远不止一个书橱那么简单。"湘苑"只是我们班级文化建设的一个切入点。但自从有了她以后，我们班的工作步入轨道，我们按照自己的节奏，逐步形成了有我们班鲜明特色的文化氛围。

我们找到了感觉，找到了方向，一切都走上了和谐有序的轨道。

班刊、班志、文化墙

"营养"跟上了，孩子们的精神面貌越来越好，他们总想着为班级做点事。

有一定写作经验的君君发现同学们写的读书笔记、散文、诗歌等，放在本子里总有一天会散失。为便于同学们互相学习，他给我提议，把其中的优秀作品收集起来，做成班刊，一来为同学们的成长留下足迹，二来可以鼓励大家写作。我赞同。

于是，我们的班刊——《语苑撷英》诞生了。

语苑撷英
Yu Yuan Xie Ying

班级文学作品集

青春校园文学

● 成长的记忆是珍贵的
● 让我们留住诗行间的芬芳
● 记录下内心的波澜起伏
● "认真做事，诚恳为人"
● 携手共同展望未来
● 飞向更高更远的天空

青岛电子学校
07级一班

　　虽然这本小册子编排简单，印刷粗糙，发行量不大，但却是我们手里的宝贝，尤其是那些愁写作文的同学，看到自己的作品印成铅字，创作的信心大增，散文、诗歌、小说一堆一堆的上交。总编君君收稿件的标准也越来越高。一时间，班里文学创作蔚然成风！

　　追随《语苑撷英》的脚步，涌现了一批诗人、小说家，大家跟比赛似的搞创作。受此鼓舞，婷嫚儿出版了个人专辑《踏步羊的简单文集》，继而我们班联合学校语文组促成了校刊《小荷心语》的出版。家长会上，读着自己孩子变成铅字的文章，家长们露出了从未有过的惊奇和喜悦。

相对于班刊来说，班志和文化墙就轻松多了。

班志就是班级日志。班志实行轮岗制，每天由一对同位负责观察这一天班级的上课、出勤、活动等各方面情况，然后自选角度，自行设计，协作完成记录工作。

每周周一升旗仪式结束后，由我点评总结一周班志记录情况。

孩子们都很认真，把记班志当做一件神圣的任务。小小的一页班志体现了同学们的自主和民主管理意识，更是彰显个人价值观、审美观，观察能力、信息传递能力、合作能力的渠道。记录者的权利大，无论是任课教师还是班干部，从课代表到值日生，从仪容仪表到课堂上的表现都逃不过班志记录人那两双锐利的目光，他们是班级各方面工作的监督者。

班志是我们班人文关怀最有效的手段，把班级工作的监督权交给每一个孩子，人人都有主人公意识，人人都有了"参政议政"的兴趣和权力。

我们班的文化墙有三面：一进教室门右手墙壁是黑板，班训"认真做事，诚恳为人"八个大字端端正正地悬挂在黑板上方。这承载着家长的期待，承载着孩子们的梦想，承载着07级1班希望的八个大字，是君君爷爷的墨宝，它陪伴了我们三年。

有意思的是，我们的班训"认真做事，诚恳为人"，在孩子离校多年后，依然悬挂在电子学校111教室的黑板上方，我们毕业三年的聚会还是在头顶着自己班训的教室里过的呢！我们一点儿没有"物是人非"的伤感，感觉从来都没有离开过。

教室后面，跟班训正相对的是荣誉墙，那儿贴满了我们三年获得的奖状。奖状下面就是板报墙，是我班团支部的宣传主阵地。

进门迎脸儿的那面墙因为有三个大窗户，除了便于我们跟大自然亲密接触，不能做他用。

利用率最高的是进门左手的那面大墙，那可是班级才女"兔子"的用武之地，她带领她的小团队，在教室里现场创作，那上下翻飞灵巧的双手，让同学们惊叹不已，也让文静的"兔子"逐渐成长为班级团支书，校宣传部部长。

摸着已挂满岁月痕迹的班刊、班志，我们感慨不已。今天的它们已锈迹斑斑，字迹模糊，模样不好看了，可这在当时却是个大工程，我们忘不了主编们四处打探小印刷厂的艰难，忘不了君君熬夜排版的辛苦，忘不了我们自己把班刊装订成册时的欢乐……

多数画面没留下照片，却永远留在我们的心里。

"头羊"新政

人不是管好的，是长好的。

我做教师很少管孩子。跟07级1班同学相处了一年，无论工作、学习还是与人相处、生活态度，我一直是"领头羊"的角色，只是做我想做的，该做的，孩子们自然会跟着。

一年下来，有许许多多美好的故事，汉语言文学专业毕业的我，本能的想写点东西。但正"在路上"的我们，只顾朝着自己的目标跑啊跑，一路"风景"好美，我们却顾不上细细品味，我也无暇去整理，感觉挺可惜。当孩子们"上路"后我决定沉下心写点东西。

高二时，我让同学们投票选出两个"领头羊"，全面负责班级的管理工作。

选"领头羊"？很新鲜啊，但也有担心，"老师，那你干什么呢？""老师，当心你的权力收不回来了"，"老师要垂帘听政，当那拉氏！"可能觉得那拉氏不太好，立马改口说："不对，是武则天！"孩子们太可爱了！

众望所归，"无敌"班长和"才子"君君被同学们推举为"领头羊"。

周末略作交代，我匆忙奔老家给公爹贺80大寿去了。静等周一班会两位"领头羊"的"新政"。

振奋人心的"头羊新政"开始了。没有开场白，无需啰嗦，工作大刀阔斧，雷厉风行。全班31个人分成8个部，原8个班委暂为8个部长。班级工作分成8大块儿。俩"头羊"各自领着自己擅长领域的四块，班长负责体育部、纪检部、卫生部和生活部；君君负责学习部、组织部、文艺部、宣传部。分工明确、责任到位，他们合作中竞争，竞争中成长。部长是每一块儿的责任人，负责"招兵买马"，聘任自己部门的干事，确定目标，制定奖惩措施。同学们先自己报名，然后部长招聘，双向选择。

周一的招聘会热闹非凡，气氛热烈。但也有问题：优秀的同学大家抢，人缘不好的不受欢迎；体育部、文艺部人满为患，生活部、卫生部门可罗雀；有的同学同时应聘几个部，而有的同学却一个部门都没报。

我劝诫几个挑人的部长，要善待前来投奔的人，无论哪个同学，都应该像亲人一样的张开怀抱欢迎，这是一份信任。于是，那几个不受欢迎的同学也有了归属。没报名的同学，有的太自卑，怕遭拒绝而退缩，有的"耍大腕儿"，等着别人来抢。对前者，我提议招聘较困难的部门下请帖，给他们机会；而对后者，我们就"晾"着他，哪个部门都不要聘他。

"招聘"结束的时候我说："俩'头羊'是我们自己选出来的，要好好配合。相信这两个被信任的人不会辜负大家。八个部门的成员也都是自愿组合的，希望大家能尊重自己的选择，珍惜我们在一起的机会。"

那个被"晾"的同学，一看事情不好，赶紧自己找台阶下来了。

每个人各得其所，班级建设进入了一个崭新的"头羊时代"。

"头羊"新政以后，班级风貌欣欣向荣。八个职能部门各负其职，每个同学都在忙碌，人人脸上洋溢着幸福的满足感。尤其是那八个部长，个顶个好样的，都把自己那摊儿打理得井井有条，创意无限。跟比赛似的，八个部门天天都有惊喜，班级的陈病旧疴好像一夜之间被风刮走了。

　　班级工作更上一个台阶，同学们空前团结，连那几个"刺儿头"都变得乖顺了。中午，我在教室里只管午休，孩子们睡觉的睡觉，看书的看书，写作业的写作业，一点动静都没有。下午第三节，他们多数时间搞活动，偶尔几次不活动，都在安安静静写作业，写完作业的就到"湘苑"借书看。

　　可能看我闲着，同学们找我咨询起了心理问题（他们知道我是国家二级心理咨询师）。"猴子头"问我强迫症的事，说他有个同学得了强迫症，问我能否帮帮他；某同学怀疑自己得了自闭症，请我诊断；班长问我怎样突破自我，怎样让自己的管理能力、学习能力、运动能力样样出类拔萃，成为同学们真正的"头人"；斌go因专业课落后，郁闷了，找我解压……

　　我耐心、细致的侃侃而谈，他们毕恭毕敬地听，远看这图景，真个成了当代"杏坛"，我们正在演绎现代版的《侍坐》。

　　我就纳闷儿了，难道俩"头羊"有"点金术"？为何班里"忽如一夜春风来，千树万树梨花开"了呢？形势如此喜人，是什么力量改变了他们呢？我只是把管理权交给了同学啊。事实证明，孩子们值得信任。他们有能力管好自己。

　　放手，才有教育。

2008 "最美饺子宴"

2008年"5.12"地震后，灾后重建工作牵动全国人民的心，能为灾区做点什么，给予他们力所能及的帮助是我热切的心愿。我报名青岛市心理咨询师协会灾区志愿者服务部，开通灾民心理咨询热线，发动全家、全班捐款……

2008年秋，我校接纳了来自四川灾区的50名复课学生，学校提倡老师们在生活上与这些孩子结对帮扶。

悦悦和梅是我帮扶的对象。

爱孩子的我一下子认了俩"女儿"，难免有点儿嘚瑟，动不动就在别人面前夸夸那俩乖巧懂事的"干女儿"。我光知道自己高兴去了，却忘记眼前这31个孩子的感受。

某日，小泽同学上台主持"每日一说"，说他不赞成学校领导和老师对北川同学过度表扬，这样会惯坏了他们的。我一愣，问："他们有不良表现吗？"一语激起千层浪，台下同学议论纷纷。在我的追问下他们说出了如下几条北川学生被惯坏的表现：打架，上网，谈恋爱，挑食，甚至背后议论攀比帮扶他们的老师的家庭经济状况。

看起来，同学们对北川学生的意见还真不少。这有点儿出乎我的意料，我认为他们应该跟我一样帮助爱护北川的孩子们。对于这些劫后余生的孩子，没想到我们班的同学表现得这样不宽容，不厚道。我当即批评同学们冷漠，缺乏爱心，不珍惜上苍给我们救助苦难，奉献爱心，珍爱生命的机会。

场面有些尴尬。

北川孩子的表现我无法判定真假，但面对同学们过于激动的情绪我有点为难，因为我们班马上要跟北川同学进行一次联谊活动，节目已排练好久了，这样的态度怎么能在一起联欢呢？当我在课堂上提到联谊的事时，班长竟然站起来说："老师，联谊的事主要是您的主意，其实同学们并不是很乐意。"

问题如此严重，之前我怎么一点没察觉呢？一时有点懵，但理智告诉我不能发火，押押再说。这时另一"头羊"君君救场了，说："同学们先把意见收收，咱们今天下午开班会讨论一下。"

据说班会讨论得很激烈。以住校生为骨干的反对派，认为和北川同学朝夕相处，更了解"内幕"，觉得学校老师偏爱北川学生：同为住校生，为何他们有特权？打架了学校凭什么光处分我们，不处分他们？做操、集会的时候，北川班的学生总受表扬，而紧挨着北川班的我们班却……

我猜可能还有我那两个"干女儿"的原因。以往我外出，无论学习还是旅游，回来后习惯跟自己的学生分享，有时候也带点好吃的给他们。这次国庆节我去了甘肃、内蒙，回来后学生又跟我要好吃的，我没给他们，还平静地笑着说："这次我带的好东西不给你们了，要给我刚认的两个女儿。"说完后，同学们没有做声的，我也没放心上。

看来，孩子们的情绪主要来自老师们的"偏爱"。毕竟是孩子。

班会上，他们怎样达成共识的过程我不清楚。但周三语文课，班长利用"每日一说"的机会很沉重地道歉，先给同学们深深鞠一弓，又给我深鞠一弓，说他错了，错了。态度很诚恳，但道理说不上来。

我明白班长的意思，说："我替班长说，好吧？第一，北川同学跟我们一样是孩子，孩子总会犯错误，我们不应该不包容。第二，我们觉得我们帮了别人，别人就必须感恩，感恩了就不能再犯错了。由此可见，我们

25

的助人是有条件的。第三，很多事情，不是靠自己的大脑去思考，而是人云亦云，用自己的嘴说别人的话，这是做人的大忌。第四，作为班长，应该明白自己哪句话该说，哪句话不该说。班长认为自己昨天说的那些话有点不注意场合和身份。"班长频频点头。

接着，我又给同学说了两个助人的故事。

"大家都熟悉的本班某同学的父亲，在自家经济并不十分宽裕的情况下，默默地拿出数千元为来我校的北川孩子一人订做了一套秋装。北川的同学穿上了漂亮的衣服，但并不知道是谁给他们买的。难道咱们这位家长送给他们衣服时要他们回报吗？"

"二战纪录片《潍县集中营》中讲到有一位在西方享有盛誉的传奇人物，名字叫埃里克–利迪尔——一位生于中国，葬于中国的前奥运会冠军。他被日本人俘虏后关押在潍县集中营。在集中营里，他每天都在祈祷，不光为亲人，为朋友，也为关押他的日本侵略者。他说：'我每天都在为他们（日本人）祈祷，虽然改变不了他们，但可以改变我们自己。'他的宽容和大爱，鼓励了很多处在人间地狱的人度过了最后的时光，他因此被称为黑夜里的明灯。"

同学们认真听着，默默点头。

联谊会后，君君总结："大家做事情的时候都应该看看自己，不要把眼睛总放在别人身上。怀着一颗包容的心就好。如果把我们换做北川的同学，我们会做得比他们更好吗？大家是否注意到，在我们埋怨学校没有表扬我们的时候，我们的队伍站得整齐吗？我们是不是在歪着身子发牢骚呢？不要过分的'爱'自己，而忘了反思。"

为了"一家人"的和睦，我请客了。下面是我请客后写下的"博客"：

最美饺子宴

今日，我家贵客临门。主宾是俩孩子，陪客也是俩孩子，饭吃到一半又叫来一个孩子，再加上我自己的孩子，共六个孩子。我跟我爱人，他负责弄火锅，我负责包饺子，孩子们负责吃喝玩乐。从上午九点一直玩到下午五点，真开心！

主宾悦悦和梅是来自四川灾区的两个女孩，她们俩所在的班级前天刚跟我们班开过联欢会，为了消除她俩初次登门的紧张感，我把联谊会主持人君君（团支书）和联欢会台柱子班长请来作陪。他们俩很高兴，打扮得整整齐齐跟我来家了。看得出，我老公也很高兴，经常冒出一句不恰当的话来（他一高兴就这样），这倒好，孩子们面对这个"老小孩"，立刻就没了拘束感。我女儿更是让我感动：不仅尽心，更是尽力。本来说好陪吃中午饭后她就去跳舞，下午回来赶写作业。当发现作为同龄人，她才是真正的主人的时候，她为难了，自语道："怎么办呢？我前边已经落下好几节课了，不去的话……"，我接过来说："那边少了你，人家一样跳舞；可我们少了你……"，她想想也是，就留下了。我和她爸爸忙做饭，她陪小客人说话，玩。她发现两个四川同学的语言与大家沟通起来有一定的困难，于是她拿起画笔为大家画像。一画就是几个小时，嘴里还得和另外的客人搭着腔。

我们家好久没这么热闹了，跟过年似的。看着孩子们吃得玩得高兴，我心里充满了幸福感。婷嫚儿在家已经吃完饭了，来了后又吃了一盘饺子。他打趣着说："张老师最大的幸福是看着我们吃她做的饭。"

是啊，孩子们懂我。饺子，在我们北方象征着团圆和幸福。这顿饺子宴，不但让悦悦和梅享受到了家的温暖，也让07级1班的同学收获了两个漂亮可爱的"妹妹"，而且让我自己孩子尽了地主之谊。

这顿饭被我们自己封为2008"最美饺子宴！"

教师节礼物

师范大学毕业后我顺理成章当上了老师，在普教"挑大梁"，送中考。我热爱教育，喜欢孩子，陪伴孩子快乐成长是我最大的心愿。可是，从事应试教育与我的教育理念背道而驰。

十几年前，我来到职业学校，竟意外发现这儿是教育的生态区。在这儿，我可以做一个理想中的好老师，这遂了我的心愿。我警示自己：不做"官"式老师，不做"奴"式老师，不做伤害孩子的"帮凶"。

那么，不这样，该怎样呢？

法布尔曾把他探索昆虫世界的工作比作手执灯烛，照看那些处于黑暗之中的、无限广阔和美丽的拼砖画。我觉得我也是一个提灯者，正在一步一步地移动，一小块一小块地照亮那些小方砖，使已知的图画面积逐渐增大，把更多的未知领域完美地呈现出来。

教育就是一个发现和陪伴的过程，有时候需要等待。

对于现在的工作，我很珍惜。我知道，07.1班是我用心书写的一篇"文章"，是我教育梦想的抒情散文。但一直到现在，到我快要退休的年龄才知道我的"梦想"是什么，那就是自己享受人生并帮助别人享受人生。我的工作是培养一个个的人，不是考试的工具，也不是什么社会栋梁，我只要让我所有的孩子活得有尊严，能抬起头来，快乐地生活着。

我在07级1班撒下了梦想的种子，看看能否结出理想的"果"。

人生只有修完"诚实"这一课，内心才能平静下来，灵魂才能高贵起来，人格才能自立起来。不诚实的公民是由不公平的制度造成的，不诚实的学生是由不公平的家长、老师造成的。

而"诚实"的果实须由"公平"的土壤来培育。"诚恳为人，认真做事"，我们的班训把"做人"放在首位，我能做的就是诚实和公平，我没有能力让天下所有的孩子都享受公平的待遇和关怀，但至少在我的班级里可以。我在为自己的梦想努力。

我的学生，都是在升学战场上"败下阵"来的"战士"。他们懦弱退缩，他们消极冷漠，他们喜欢躲进自己的"壳"里，用逃避的方式自我保护。能怪他们吗？善良的人都不该怪他们。但未来的路还很长，该他们面对的问题是不能回避的，他们必须承担自己的失败，直面自己的未来。更重要的是，他们要有创造新生活的信心和能力。

他们需要鼓励和帮助而不是一味地批评和压制。

开学第一节课，我给他们讲我自己成长的故事，他们感受到了一份鼓舞，一种力量。开学后的一系列活动中，我把他们推上舞台，他们表现出色，这大大增强了他们的自信心。

我爱我的学生，能为他们做点儿事，而且又被他们所接受，我感到幸福。孩子们喜欢我。说也奇怪，我这人在生活中总是懒散大条，得过且过，但在学生面前却极有耐心，富有活力。

孩子们的心是单纯的，他们不会隐藏自己的情感，他们爱就是爱，恨就是恨。我很庆幸能一辈子跟天使一般的孩子打交道，怎能不拿出最纯真的心与他们呼应，用最完美的形象与他们匹配呢？所以，我感觉自己仿佛变成一个幸福的天使了，赠我翅膀的就是这些可爱的孩子们。

记得2008年教师节那天，斌go因路上堵车不能及时赶到学校。一大早，他在路上给我发了一条短信："张老师，节日快乐！对不起，我今天只能把'迟到'当礼物送给您了。"我回信："呵呵，你本身就是上帝送给我的最好礼物，不用再送别的了。"虽是调侃，却是我的心声。

随着时光的流逝，家长都称"我的孩子转变了"。我知道学生变了，他们有了自己的朋友，拥有了快乐，重拾了自信，有了做人的尊严。但这并不表示他们就没问题了，相反，他们面对的问题更多了。因为他们不再逃避，问题都浮现出来了。

班级建设有问题，每个学生有问题，我自己本身也有问题。面对诸多问题，也有心烦意乱的时候，但我们有信心也有能力解决这些问题。

"张老师，我一直很庆幸遇到您这样一个不会放弃任何一个同学的老师。您耐心的陪伴，教导我们，想尽方法让我们这些曾经被遗忘的同学产生对学习和生活的兴趣。

记得一次，一个同学说，您对我们太好了，就像妈妈一样，所以我们才敢像孩子一样对您撒娇，顶嘴。我觉得这个同学说得很正确，张老师就像母亲一样呵护我们，让我们这些淘气的孩子倍感亲切。

张老师，对不起。我还记得有一次我伤了您的心，我太恨自己了。每当想起您的时候，总会想起那件事。我在努力改变自己，不会再让那样的事儿发生了。

张老师，谢谢您，谢谢您对我的信任，让我能为班级出力。我觉得来到电子学校是对的，对我来说，人生的转折并不是中考失败，没上大学，改变我一生的就是来到电子学校，成为您的学生。您对我们说过的话，我都会铭记（虽然不会都背下来，嘿嘿……）。"

这是2009年教师节班长送我的"礼物"。每年的这一天我都会收到各种各样的礼物，我觉得，教师节这一天，我是世界上最幸福的人！面对孩子们的声声感谢，内心深处一直在说："该感谢的人是我啊。我是一个多么渺小而普通的人，只因有了你们，我的生命才绽放光彩，我随手洒下爱的种子，便收获了一个春天。我是个多么幸运的家伙啊！"

学生在成长，我也在成长！下面关于07级1班的成长故事你会觉得更精彩。

制造"死猪"？

"死猪不怕开水烫"，对于那些自暴自弃，油盐不进的孩子来说，这话形容得太恰当了。劳动人民的语言就是生动鲜活，当班长冲口喊出"我真想制造几个'死猪'"的时候，我立刻明白了他的意思。班长这是放狠话了，看来他累得不轻。

随着天气变冷，我们班的一批"老病号"又开始请假了。班里共31个人，天天有空位，每天早晨我都会接到家长给孩子请病假的电话。明知道他孩子没病到非请假不可的地步，甚至能听出一些家长帮着孩子撒谎，但不能不准假。

也曾"下猛药"，规定必须拿出县级以上医院的证明才准病假，这虽有点矫枉过正，但见效了。谁知，没过多久，"泡病号"现象又死灰复燃。

班委们开会讨论解决这个问题的办法。

"制造死猪，为反面典型创造条件，让'病号'的'病情'继续恶化，最后劝退，置之'死'地而后快。"班长说。

"我们班的特点就是不培养'死猪'。我们是一个'慢热'的班集体，应该激发每个同学的活力，靠他自身的力量根治他的毛病。你这种制造死猪的想法跟我们班的基本原则背道而驰，我坚决反对。"团支书君君不同意。

"你说咋办？教育不是万能的，总不能不让人生病吧？"

俩"头羊"顶撞起来了，求助于我。我说："制造'死猪'？坚决不可以！我们不但不能制造'死猪'，还要把原来'病猪'治过来。一个都不能少！"

　　这是一个值得探讨的问题。制造"死猪"，利用"死猪"杀一儆百，从而达到"全班大治"效果，很多班主任是这么干的。通常是在班级组建初期，挑出几个"病"得比较严重的"猪"，往死里整。很快这样的"病猪"就"不怕开水烫"了，接着，等待他们的命运当然是被丢弃，或自动放弃。有了"榜样"，班里其他的"病猪"自然而然的就收敛了，治愈了。

　　一石双鸟，何乐而不为呢？这是职业学校学生高失学率的一个重要原因。

　　我十分不认同这种做法，这有失教育的公平性。为师者只有医治"病猪"的责任，没有制造"死猪"的权力。在目前中国应试教育的影响下，"病猪"太多了。如果我们的老师都失去了爱心、耐心和责任心，教育的意义何在？况且那些被"制作的死猪"成为受害的对象，毁掉其一生。

　　初入校始，我们班的"病情"也挺严重：拖延症、退缩病；强迫意向、轻躁狂；网游成瘾、叛逆成性；习惯撒谎、严重厌学……全班31人，"病"情较严重者占一半。剩下的一半，躯体有痼疾的，家庭遭变故的等等，不一而足，没有问题的少。但我拼尽全力，调动一切积极因素，运用我所学的教育学、心理学知识和多年积累的经验，诊治调养了一年多，颇见成效。健康的气色逐渐挂上了他们年轻的面颊。

　　每学年学管处都要征集后进生转化的案例，07.1班的案例太多了，几乎每个同学都可递交一份转化报告。但我不急着写这份报告，我要等着他们离开的时候，每人送他们一份"健康档案"。约定不离不弃，笑到最后。这也就是本书前言中君君所说的"为了一个承诺"。

　　一年后，我们班级不但一个没少，还多了一个——高三时我原来教过的一个学生因为各种原因留级到了我们班，班级人数不减反增，这在当时可从来没过。这也成为我们07.1值得骄傲的事。

换老师风波

换老师本不是个什么大事，而在我们班却是个事。同事说都怪我跟学生讲民主讲的，否则，学生敢?！我考虑的不是敢不敢的问题，而是怎么面对这件事的问题。

在这件事上，我吃过亏。

前些年，我带的一个班，一名学生跟一位即将退休的老教师在课堂上发生了冲突。按惯例需班主任出面做通学生工作，不管谁对谁错，学生要主动向被顶撞的老师认个错，班主任要与那位老师沟通，事儿就过去了。而当时我认为那老师也有错，我不想违心地与他沟通。况且，我不愿强迫学生做他不情愿的事。学生在接受了我的批评教育之后，也没有主动去找老师认错。

两天后，领导找我，该教师反映我班班风不好。其实，当时我应该跟领导认真交谈一下，自己的观点还会被接纳和理解。结果，一时冲动，我竟然脱口就说："主任，你要撤我的班主任就撤，不要考虑我的面子问题。"

于是，我就真的被接替了。

那是我几十年班主任生涯中的一次惨痛教训。此后，好几年没干班主任，认真学习并反思自己的问题。如今，认为自己做班主任比原来成熟了，不会再犯同样的错误。

碰巧，又遇上类似问题。我们班换了英语老师，学生因太喜欢原来的老师，不接受新的英语老师。学生急切希望学校能考虑一下他们的意见，留下他们爱戴的老师。

"不可能"，我斩钉截铁地说。

学生建议我来听听新老师课，我答应了。可是，课堂上老师表现得我认为还是不错的，而学生的表现却不怎么好。老师使出浑身解数，学生硬是不配合。

我非常生气，课后把学生们一顿训斥。他们不服气，说新老师在我眼前装，我说："那你们装一个给我看看啊！""我们不想在你眼前装！"学生们很委屈地说。

啊，我明白了，他们只是想让我看看他们在课堂上是什么样子，没想到不但没得到亲爱的老师的支持，反而，挨了一顿训斥。虽然孩子们不做声，但看得出他们对我失望了。

这是我第一次跟全班同学起冲突，感觉很不舒服。

如果不发生后面的事，这个换老师风波也许就平息了。但自从某同学跟英语老师闹起来后，班级同学对这个事的不满情绪又起来了。据说，这个孩子不爱上英语课，玩手机，不听老师的劝说，还顶撞老师。老师盛怒之下，踢了他的桌子，又拿书敲了他的脊背，学生又骂了老师。

没想到这事发生了"蝴蝶效应"。

一个学生在周记里写到："某某老师明显有问题，却得到很多人的袒护"。面对"袒护"二字，我义愤填膺，对全体同学我说："袒护？要袒护，我也是袒护你们，老师还用得着袒护吗？你们说英语老师的发音有问题，书写不如班级中的某某，那我的普通话，我的字也不是班里最好的，我教不了你们语文了吗？现在，你们在我眼前说了某某老师一万个不好，而老师却没在我面前说你们一个'不'字，你们说，我应该袒护谁？我一向认为我们是一个优秀、宽容的班集体，在我们班，真善美受尊重，假恶丑遭排斥，可在这件事上，你们却让我失望。知道你们喜欢原来的英语老师，不希望她走，那也不能把情绪发泄到新老师身上！刚接触一个老师，需要磨合，需要相互了解和适应？要端正学习的态度，不要在老师身上找问题。而你们的问题我要负责。怎么就这么糊涂呢？"一席话说得学生都低下了头。

看他们难过的样子，我又有些心软。知道孩子们信赖我，本以为我和他们永远是"一帮子"的，但这次我却让他们"失望"了。我告诉自己，决不能心软，学生改错时要狠下心。否则，后患无穷。

为此，我发表了一个声明："对这个问题，老师该说的都说了，今后，你们谁的问题，谁自己负责。我不再'袒护'。"

从此，学生真安静了，并且和新老师相处得越来越好。

解铃还需系铃人。我们班的问题只能用我们自己的方式来解决。当然，这也是学生成长的契机，不，是师生共同成长的契机。

做老师，说话要谨慎

老师和学生之间相处本无大事，一般情况下，为师者只要能认真对待自己的工作，公平对待学生便能赢得他们的信任。但在不经意中，也会丢掉这份信任。做老师，说话要谨慎。

老师，您误会了

"猴子头"趴在桌子上两天了，跟谁也不说话。我当时认为他是因换同位，不高兴了。

"猴子头"是一个有故事的人。

刚入校的时候，他很冷淡，很不配合，为此，我留下他谈话。不知什么原因，他浑身颤抖了很长时间才说："老师，我很不喜欢这个学校。"这话说得！遂问："为什么？"他说："我总怀念初中的同学、老师。这个学校比我那个母校差远了！"经过这番对话我发现他很可爱，只是适应能力差了点。于是，给他安排了开朗、善于助人的女同位，并让他担任体育委员。从此以后，他学习越来越出色了，和同位相处得也融洽。在换位前几天他写的《我的同位》刚刚被当作范文在班里朗读了。

"猴子头"是一个适应环境很慢的人，需要多给他一些锻炼的机会，于是，我又给他换了同位。我认为对于一个适应环境慢的人，突然给他换了个新同位，他反应强烈也不奇怪。他找我三遍要求重新调位，都被我拒绝了。

结果，抑郁几天他又开始亢奋。搞得周围几个同学都跟着坐不住，严重影响班里教学秩序。不能拖了，得找他谈谈。于是，我又找到他，跟他大谈同位的相处之道。谁知他惊愕地说："老师，您误会了。我对您有意见不是因为同位，是您一句话伤害了我。""??""您忘了，我看您把'蹦豆'换后边了，我也要求换后边。而您却说'人家蹦豆长个儿了，你又没长，怎么能调后边呢？'"听了这话后，我哭笑不得：原来如此恼人的"猴子头"换位风波只是因为我自己的一句话，一句随口说的玩笑话。跟孩子说话，不能太随便。

老师，某某对你有意见

有一次，我去家访，被访的学生送我的时候说："老师，某某对你有意见。"

"是吗？我也觉得他好像对我有意见。"我鼓励学生说下去。

"你忘了，一次他跟你请假去买衣服，你说'我知道是某某跟你一起去，我才准你假，要是你自己就不行'，你这句话很伤他，他难过一个学期了。"

我恍然大悟，怪不得这个男同学一直不愿意跟我说话！可我不明白这句话怎么就伤他了？

"我是觉得他一个男孩子自己去商业街买衣服不内行，找个女同学帮帮他……"我急忙解释。

"可是，他觉得你不信任他。"

"哎呀，我真没想到……"我心里好难过，说不上是羞愧还是遗憾。

老师这个职业啊，可不能掉以轻心，你不知道哪句话说不好就能毁掉一个孩子对自己的信任，甚至毁掉一个孩子的成长。有很多孩子恨老师甚至辍学，听来听去就是老师的一句话或者一个眼神。

佛家说每个孩子都是一颗千年的古莲，我们要以一颗虔诚的心呵护它，尊重生命的本来模样，给予它生根发芽的条件，给予它祝福和希望，然后静待花开。

对待孩子的态度，就是对待生命的态度！

他们只是看你面子

我是个户外运动爱好者。多年的户外活动陶冶了情操，开阔了视野，我坚信，大自然是本最精彩、最耐读最有益于身心健康的书。我时常把这个理念传授给学生，并与他们分享自己每次出行的经历。

2008年国庆小长假结束后。孩子们就嚷着秋游的事，我答应期中考完再说。

期中考试结束后，他们提及此事，我有点犹豫，因前阶段活动太多，孩子们有些浮躁，我本想让他们稳一稳，但有约在先，不能食言，于是把是否秋游的决定权交给了班委，让他们开会讨论。

最后他们决定去爬山，野炊。

前两次班级的户外活动虽然也走向了大自然，放飞了心情，但都属豪华游，车接车送，由学生家长盛情款待，孩子们没吃一点苦。我认为那不是真正的"Go Out"。这次我要领着孩子们自助游，走进崂山腹地，去领略一下崂山迷人的风采，真正感受一次户外运动的魅力。

没想到，我的话还没说完，立刻引来了反对声，有嫌天冷的，有嫌公交车挤的，有嫌带饭麻烦的等等，事儿挺多。我让他们先报名。结果，报周六的十几个人，报周日的五六个人，两天都可以的三四个人。同学们的冷淡出乎我的预料，但我也没说什么。

第一次带领他们这样玩儿，一定不能让他们失望。周五下班后，我去了农贸市场疯狂采购：主食、蔬菜、水果、肉食、汤料、咖啡、奶、蛋一应俱全；炊具、餐具、卫生用品，生怕漏掉一样。回家又把户外用品倒腾出来，忙活到很晚才睡。两大背包东西，够十几个人吃的了。

万事俱备，只欠天公作美啦！尽管天气预报周六小雨转多云，心想，没什么问题，周六人数多，还是周六吧。

周五傍晚开始下雨，一直到第二天早晨还没有停的意思。周六清晨起就陆续有同学打电话，问："能行吗？"我说："再等等"。一直到八点，雨还在下，约定再等通知。中午，雨停了。太阳慢慢地露出了笑脸，气温回升了，是个好兆头！我高兴地赶紧通知班委，让他们组织礼拜天活动。结果，真让人失望，全班只有三四个报名的，而且班长也不去了。无奈，下令停止此次秋游活动。

第二天一早，阳光明媚，空气清新，落叶满地，五彩缤纷。人影铺在草地上，爽朗的秋风吹拂着脸颊，Golden Days！难得的金秋佳日啊！我的心却一点也不爽，我恼那些不会享受生活的学生，怪他们不但辜负了我的一片爱心，更辜负了大好的秋色。心里骂他们一万遍："笨蛋！宅在家里吧！"

郁闷在家的我什么也干不下去，索性拉着老公和孩子去八大关，去公园。路上，懂事的女儿看我闷闷不乐，就宽慰道："妈妈，像我们这么大的孩子，都不太爱爬山，宁肯在家上网，聊天，睡大觉，也不爱去遭那个罪。那几个报名的，也只是看你面子。"

一句话说得我没有了气，只剩下悔。一是后悔自己强求，当发现别人不积极响应的时候，应立马停止，既尊重了别人，自己也不会受伤害。二是后悔自己迂腐，以60年代人的价值观去衡量90年代的孩子，怎能不失败呢？三是后悔自以为是，只因为周六的人数多一些，就不顾天气条件贸然下决定周六。四是后悔自己拒绝了那几个周日要去的学生，同时，也拒绝了自己。

跟自家孩子赌什么气呀？

最难过的还是觉得对不起周日要去的那几个孩子，听说他们几个住校生为了这次秋游都没回家团聚，知道这些，感到很愧疚，跟他们认认真真地道了歉。

这件事让我这个任性的甚至有些"孩子气"的"家长"成熟一些了。

说"感动"

"感动"是 2008 年我给学生布置的一次作文题目。

2008 年感动中国的人和事太多，但学生拿到这个题目后，并没有出现文思泉涌的局面，反而嘘声一片。可能是学生不喜欢写这样的作文，也可能是 2008 年我们"感动"的话题说得太多产生了"审美疲劳"。问及"自己身边的感动事"，学生们也是直摇头。

于是，我给学生做了一次"下水作文"，以期抛砖引玉，让学生明白，生活中不缺少"感动"，而是缺少善感的心。

作文的题目就叫《身边的感动事》：

07.1 班窗外是学校传达室，我们的卫生区是紧邻传达室的一条樱花小道，我们班学习、打扫卫生等日常活动，传达室老师尽收眼底，而传达室老师有事找我们班也通过窗户传达。

一天，某某同学感冒发烧需回家休息，按规定需要校医出具证明，班主任填好出门条后才能放行。而那天校医不在，我只好亲自送学生出门。还没开口，一向严肃的传达室老师就敞开大门。我道谢。没想到他一脸笑容，说："张老师，只要说是你班的学生，走就行了，你不用亲自来"。看我一脸愕然，他解释道："你们班真好！学生老老实实，进来出去的，有礼貌。天天见你们班的学生值日，认真自觉，没有么二喝三或骂人的。感觉他们特别快乐。我喜欢你们班的学生。"这个老师的一席话让我感动得不知说什么好。这普普通通的几句话胜似感动中国颁奖词，这种信任在我看来比校长特别奖都可贵。

我们班虽然在外人眼里"真好"，但不是没有问题。

某某同学就是一个比较随便的人，总是不守规矩，尤其那张嘴，不知惹了多少祸。他的德育量化分都扣到负七十多分了，各种教育方式都不管用，我只好向学校学管处申请给他处分。

申请表填好了，学生、家长也都签好字，可一直没有宣布。我去催，学管处的老师说过了元旦再宣布。

元旦后，第一个班校会就宣布各班被处分的学生名单，我们的那位被处分同学已做好引颈就戮的准备，可念到最后也没有07.1班的名字。我赶忙跑去问，学管处老师为难地说："张老师，我实在不想读你们班名字。"最后，还是我自己拿着处分单在班里宣读的。同学们只知道这个处分是我们自己要来的，还笑我煞有介事，但并不知道其中还有这个故事。不管是因为学管处老师尊重我年长，还是因为我们班声誉好他不忍心。总之，学管处对我班的爱护，让我深受感动。

还有一件来自于家长的"感动事"。

为师20载，我教过的学生从来没转过班，留过级。前几日，某同学的家长找到学校领导，要求给孩子转班，学校没同意。

我听说这事后，虽然有点难过，但能接受。我知道是我的教育理念跟家长冲突了。但当领导说出下面一番话的时候，我心被触动了："光说班里哪个孩子不好，就不说说自己孩子的问题。问他是哪个班，他不说，问他班主任是谁，死也不说。"

我知道家长为什么不说，他是要保护我，尽管这种保护是下意识的，就像对待他儿子的"保护"一样，有点糊涂，但他的心底下那份善良深深地打动了我。

为了生存，我们要抗争，为了抗争，我们变得坚强。感动，是生命之泉，它滋养我们的心灵，使我们度过苦难，享受生命过程。感动，使我们的内心变得柔软。

感动是生活中的一部分，没有感动的生活，就像植物不见阳光，是不健康的。感动无处不在，断壁残垣中的一朵花，穷途末路的一句话，大爱无言的一个举动，心心相印的一个眼神，不都令人感动吗？

我们不是缺少感动，而是缺少认真生活的态度，缺少发现美的眼睛。

我在班里读了自己的作文，最后我动情地说："同学们，知道我为何爱看你们的周记吗？在周记中我分享你们的喜怒哀乐，我感受到你们生命的清泉在汩汩的流淌。我感动于你们笔下的一个个故事，一次次心得，我觉得你们是那么可爱，我享受到做老师的快乐。在批阅你们作文的时刻，也是我最爱你们的时候。"

说到这儿，婷嫚儿激动地插嘴："我以后一定要好好写作文。"

这是我开口说感动以后，学生说的唯一的一句话。

"老师打人了！"

一个活的班集体就像人的肌体，是有生命历程的。我们07.1班成立以来，成长着，收获着，不知不觉已经"班至中年"。正如人到中年，肌体开始出毛病了一样，班级也开始出现了一些状况。今天这个事，明天那个事儿，搞得我挺烦，师生关系也有点紧张。

我当了一辈子教师，什么样的学生都教过，但我从没打过人。我不会打人，我自己的孩子也没打过。我的学生缘很好，听说我带新生了，我教过的学生齐呼："走，留级，找张老师去！"可见，我是受欢迎的。但

07.1班真是太过分了，我竟然抄起了家伙。

　　高三了，每年一次的市中学生运动会，需要各中学组织一个方队代表自己的学校入场。像这样的事，学校一般是安排素质较好又没有升学压力的大专班参加，于是，我们班成了首选。学校要我从班里挑选几个形象比较好的男生参加校方队训练。

　　我来到教室点将。进入高三以来，班里有一批同学参加大赛，还有一批学生会干部整天在外忙活。眼瞅着所剩无几的男生，我叫这个，这个不去；喊那个，那个不动。气得我抄起门后的笤帚，先朝我认为最应该去的子健走过去。子健还比较乖，看我都这样了，主动走向门外。最可气的是小猪，我过去拉他的时候，他故意耍赖，趴桌子上让我打。我举着个笤帚跟捣蒜似的敲他脊背，他也不疼。我往外拽，他就站起来跑，边跑边喊："老师打人啦！老师打人啦！"。我绕桌子撵他，撵不上。小猪像条泥鳅，我光举着笤帚跑，一下也没打着他。

　　场面有些失控。我一世形象毁于一旦。还是吉吉关键的时候救场了，他站出来大声地说："老师，我去吧。"我放下"武器"，脸上露出笑容："还是我们的吉吉最贴心！"。

　　有一天，忘了为什么事儿我又发火了。在狠狠地教育完了他们后，下边鸦雀无声，我诚恳地说："你们对我有意见吗？有意见可以提。"只听斌 go 大声说："有！""那你说——"斌 go 很有礼貌的回答："下课我跟您说。"

　　下课后，我找到斌 go。一开始，他还有点不好意思，但看我态度诚恳，便放心大胆地说："老师，你整天冷着个脸，不好看。"我"扑哧"笑出了声，斌 go 继续说："你忘了，你批评我跟人说话态度不好，还不让我斜着眼看人。那你现在不也是这样吗？"

　　"天哪"，我心想，"斌 go 可不是个随便说话的人，他一句话提醒了我，看来我的确有问题。凭什么让学生无条件的看我这张丑脸？学生欠我的吗？即使个别学生有问题，那也不能强迫所有学生整天看我的凶模样啊！这不是冷暴力吗？"

这学期我所以面目可憎，客观原因有一些，但主要的问题还是我没有从内心接受学生的成长。比如，班长有一天突然当面宣布以后不听我的了，原因是他出去打工，发现我的那些教育理念不好使，于是，他认为我骗了他，在我面前发飙，气得我掉了眼泪；某某同学不讲信用，答应我的事儿，遇到困难后不干了；某某和朋友吵架后，想不开，把怨恨撒到我身上，等等。其实，理论上我也知道这些问题是学生成长过程中所必须面对的，是做老师应当包容和理解的，为什么碰上实际事儿就沉不住气呢？我认真的反思了自己的问题。

学生有问题未必是坏事，没有问题才不正常。老师的作用就是陪伴学生成长！

如此想来，我豁然开朗。正值端午小假，略一休整，遂发誓，明天开始微笑面对我的学生。

突　破

班级工作到了第三年我发现了很多"突破"，这个"突破"，主要是自我的突破。

虽然，我是看好职业教育相对自由的空间，才由普教奔着自己的梦想而来。但在职业教育教学实践中，我还是有诸多顾虑，如，怕自己的教育理念跟环境冲突从而连累学生，又怕学生、家长不接受自己等等。我恨自己明明选择了一条新路，却有时会在困难、挫折面前徘徊，甚至止步；有时会迷茫，怀疑自己。患得患失中，时间悄悄溜走了。

现在，我在07.1班这片肥沃的绿色田野里默默耕耘，辛勤"育苗"，工作有了许多突破性进展。主要表现在三个方面：

第一，突破了分数的束缚，解放了自己的思想。我认为职业教育和普通教育完全是两条路，不能用一个标准来衡量不同性质的教育质量。以往做班主任虽然我旗帜鲜明的反对"唯分数论"，却没有更好的方法去突破这个束缚。考评机制成了我工作的牵绊，使我无法全力以赴地做自己想做的事。

现在，我有了自己思路，也有行之有效的方法了。自己的语文课，完全按我对职业学校语文课的理解来上课，我用规定的教材上课，用规定的课时来授课，45分钟内怎么上课我说了算。只要是对学生的发展有利，我能做到的，会努力去做。在此，感谢学校对我的支持和接纳。

第二，突破了处理学生的底限，超越了自我的局限。我对工作是投入感情的，但有软肋，这个软肋就是对学生的态度。我爱孩子，爱所有的孩子，无论是自己的还是别人的，无论是俊的还是丑的，无论是乖巧的还是调皮的，有时候爱得没边儿。而这一点，总逃不过孩子的眼睛，他们总觉得无论自己怎样，老师永远爱他们，他们偶尔出出格也没什么大不了的，恃宠而骄的现象时有发生。而我就像所有宠孩子的妈妈一样，打碎了牙往肚子里咽，学生惹我生气了，不能与别人交流，而是选择自己消化。从教快30年了，做了20多年班主任，我从来没有把自己的学生交给别人，更不请别人帮忙。实际上，不是没有问题，也不是不需要，只是不放心而已。

现在不这样了。我明确告诉学生："我的教育原则是谁的问题谁负责。老师会对症下药，因为老师不是万能的，该放弃的时候也要放弃"。学生也明白，老师不是吓唬他们，丸子同学"病情"严重时，被"转诊"

去了教务处，得"警告"处分；"头羊"君君甚至被用上"休克疗法"，那二十多天呀，我也天天在挣扎。最后终于突破了自己的防线，该怎样就怎样，画地为牢，只会束缚自己，宠坏学生。

第三，突破了悖逆家长的防线，工作向纵深发展了。折腾了两年半，终于验证了一个道理：孩子的问题就是家长的问题。要从根儿上解决学生的问题，最终总会指向家长。家庭环境对孩子的影响实在太大了，而且往往不可逆。一个严峻的考验摆在我面前：工作要不要往纵深发展？做了二十多年的老师，跟各种各样的家长打交道，从未跟家长说过一句重话，都是客客气气，以礼相待。因为，在我心里，老师是榜样，要孩子尊重家长，老师首先要尊重家长。当然，家长也十分尊重我。我想象不出老师跟家长翻脸是啥样子。

而这届学生的家长却真让我长了见识，班级中四分之一孩子的家庭不健全。原生家庭问题给孩子带来的创伤是巨大的，其中有两个家长，我是彻底与他们闹翻脸了，他们对孩子的影响已经使一向温和的我不得不直面他们，如果迁就家长，对不起孩子。我勇敢的突破了自己，把教育工作延展到了家庭。自己的努力初见成效：腰哥的监护人由溺爱他的妈妈变成了颇为负责的爸爸；六六、老弹和婷嫚儿的家长也把手放开了（后文另述）。

这块"希望的田野"环境良好，温度、湿度、光照都很适宜，播下的"种子"全都发芽。到目前为止，"小苗"长势良好，形势喜人。同学之间、师生之间、亲子之间、师长之间在互相接纳，相互学习的过程中共同进步。

开放，使我们如此快乐

我高举环境育人，生活教育这面大旗和同学们一道建立了既符合学校规范又有本班特色的文化氛围：诚实、认真、宽容、快乐。按部就班完成我们的计划，扎扎实实的走自己的路。

目标明确，道路宽广，一路的沟沟坎坎成为风景。在这种宽容开放思想的鼓舞下，学生是"久在樊笼里，复得返自然"，颇有"翻身农奴把歌唱"的劲头儿。每个同学都跃跃欲试，生命的活力被激发出来。人生第一次碰到这样不把考试成绩作为评价标准的老师，同学们把最真诚的心打开了。

在活动中成长是我们07级1班的特色。入校以来班级举行了大大小小的活动无数次，几乎每周都有大活动，每天都有小活动。在这些活动中学生提高了自信，锻炼了能力，增强了班级凝聚力。

我教的语文课是完全以活动为主的开放课堂，演讲、辩论、演戏、唱歌、吟诗作对、说故事……花样百出，跟传统的灌输式教学大相径庭，学生称愿意一辈子上这样的语文课。

07级1班成为最受学校社团青睐的班级。学生会、文学社、话剧社、义工部、心理社、微机小组、广播室中的核心成员都有我们07级1班的同学；学生处、团委、教务处，这些学管和教管部门也希望从我们班找服务的同学；在学校组织的各项活动中，我们班的同学是最积极的，虽然，并不是每次都能获奖，但同学们"重在参与"，在活动中历炼自己。

我们的课堂绝不仅仅是 111 教室，而是开放式的大课堂。

课余时间安排得非常充实，打工，郊游，融入社会，走向自然，秋赏落叶，春赏花，孩子们读到了人生丰富多彩，受益匪浅的书。

07.1 班喜欢搞活动，同学喜欢参加活动，无论学校组织的活动还是我们班自己搞的活动，同学们都积极参与，乐在其中。孩子们每天都忙忙活活的，学生习惯在动中学，老师也习惯在动中教。活动是我们班的常态，我们天天搞活动，处处有活动，把课程的外延扩展到社会生活的各方面，校园里、家庭中、社区里和大自然的山水间处处都有我们活动的风采。

同学们之间学会了宽容，接纳，自律，班级的人文精神也在活动中逐渐丰盈起来。

走进 07 级 1 班的教室，你会感到温暖，教室的每一个角落都体现了我们对生活的热爱和认真的态度。课堂上同学们与老师那种真诚的交流互动场面让人欣慰；自习课同学们安安静静的在做自己的事，并没有老师或者班干部在监督看管。

在这儿，孩子们享受到了做人的自由和尊严。

这是一个生长力极其旺盛的班集体，辛勤的培育使这块土地已经肥沃起来，生命之花灿烂绽放。在这儿美德人人敬仰，劣行没有市场。谁都能看出同学们快乐的笑容。

大家都说："07 级 1 班同学太幸福了！"

故事,是成长的节点,人在故事中长大。职业学校的学生擅长制造故事,因为这些故事,他们活得更有滋味。

卷二
每个人都有了自己的故事

听老张讲故事

第一个出"故事"的人

"他这不是跟好人儿一样了?"凡在军训中见过六六"闹病"的老师,现在都这么说。

六六是07.1班第一个出"故事"的人。

军训的第一天,学生们刚吃过午饭,老师们正准备吃饭。突然,有个学生慌慌张张地跑来说:"老师,快点吧!我们班有个同学在床上打着滚儿哭。"我不顾一切地冲向男生宿舍,后面紧跟着学校的领导和校医。

1604宿舍,门里门外挤满了学生,看着老师来了都面面相觑,不知所措。四号床上铺,有个块头挺大的学生在床上滚来滚去,闭着眼"呜呜"地哭,床单都快掉地上了,他全然不顾。病情看来挺严重。我们问了半天,他才支吾着说肚子疼。我慌忙与几个人扶他下床,他只是闭着眼,鼻涕一把泪一把地抽泣着。

为了不影响其他人午休,我们把他搀到室外。

刚出大门,他便一屁股坐地上,像任性的婴儿一样蹬着腿儿哭闹。越问他，他哭得越凶，校医也没辙。只好打电话联系车，准备送他去医院。

"我不去医院……呜……我不去医院……"一听去医院，他急了，"噌"地站起来。

感觉不对，先给他妈打个电话吧。

电话里他妈妈倒很镇定："张老师，您别急，他身体没什么大毛病，可能生活不习惯，有点想家啦。这孩子从小恋家，也不愿与人交流。"

"有点想家……?"军训的孩子想家正常啊，他为何这样？看到他在注意老师与母亲的对话，我索性把电话给他。

"我不去医院……我不去医院……"他接过电话，只是闭着眼睛嚷。电话那头，妈妈不停的安慰，老师们又哄又劝，而他却越闹越凶。哭闹动作升级，擂脑袋，揪头发，感觉快要坚持不下去一样。午休的同学也顾不上睡觉，纷纷探头看热闹。

此时，我突然意识到他没什么大病，他就是在折腾，用折腾来缓解离开家长而涌来的精神压力，专业术语叫"分离综合征"。

知道症状，就好办了。

对付一个处在应激情绪障碍中的人，最好的办法就是陪伴。我朝周围的老师们使了个眼色，让他们撤离，只留我一个人静静陪着他。我拿来一个马扎坐在边上悠闲地扇着扇子。可能，发现没了观众，哭声逐渐弱下来，最后终于停止了。但他始终没有抬头，而是弓起身子，头抵在曲起的双膝上在思虑着什么。显然，他嗅到了眼前有人，但我们俩谁也不说话。这样僵持了大概半小时，他终于憋不住，爬起来，歪歪斜斜地去了厕所。过了好一会儿，不见他出来，我让值勤老师把他领回来，给了他一个马扎让他坐好。过了一会儿，我平静地说：

"老师到现在还没吃饭呢，你让老师吃点饭好吗？"他点了点头，没说话。

"你先回宿舍，休息一下。如果下午能坚持，我希望你出操。"我轻松

51

地说。

下午，奇迹发生了——病体自愈，什么事也没有。哨声一响，集合！出操！同学们排着整齐的队伍奔向操场。中午的故事仿佛一场梦，午觉醒来就消散了。在接下来的训练中，看到队伍中挺着胸脯喊口号的他，老师们无不揶揄地说："这么快就跟好人一样了？"

他叫"顺"，自称六六，是家族唯一的孙子。自小爷爷、奶奶、姑姑、叔叔们对其宠爱有加，妈妈更是爱得过分，除了上学时间，几乎寸步不离。他习惯了被照顾的生活，离了妈妈什么也不行，去姥姥家都要妈妈陪着。更可怕的是养成了挑食的坏毛病，不吃肉，不吃鸡蛋，只吃两种蔬菜，且只吃妈妈做的菜。随着年龄增长，与外界越来越隔绝，恋母情结越来越重。这次军训是他第一次离开家门，吃不下饭，睡不好觉，跟同学们又不能交流，所以就出状况了。

妈妈悟出了问题的严重性，决定要锻炼他。我们达成了如下协议：放孩子独自参加社交活动，不陪伴，不干涉；孩子独立完成作业，不陪写；不为孩子单独做饭，跟家人吃一样的，在学校跟同学吃一样的。

六六的妈妈践行了我们的协议内容。

开学后，六六精神特别好，他每天早早到校，学习、劳动都特别认真，与同学相处也很融洽。中午和同学一样吃盒饭，吃得干干净净。他妈妈不无感慨地说："我改变了，孩子就变了。这么简单的道理，我怎么现在才知道呢？"

六六不仅独立了，而且特别有公益心，"感动08班级十大人物"，颁奖词是这样描述他的：

"周五大扫除，当我们早早的背上书包，急于回家时，有一个人没有离开；每天值日，当有同学因故没在岗位时，总有一个人默默走向前，他，就是顺子。

顺子是一个好人。没人逼迫他什么，更没人要求他做什么。他默默无闻，无欲无求。凭着对班级的热爱，两年如一日，分内分外他干了多少工作，谁也数不清。他有温暖舒适的家，家里也有慈祥可亲的妈妈，但在他心中，班级第一，个人第二，默默付出，无怨无悔……"（团支书瀚瀚执笔）。

顺子的故事由惊涛骇浪到涓涓细流，眼看着一个孩子完成了精神上与"母体"的分离，并独立寻找生命方向的过程，我们欣赏了生命蜕变的美妙。我们班为这个"伟大的发现"而欢欣鼓舞，他也因此爱上了这个班。他表达爱的方式就是默默地奉献。

"好人"六六用自己的"好"回报了老师和同学们的陪伴。

斌go

"我们家孩子油盐不进！"斌go妈妈如是说，当然说的是进电子学校以前的斌go，现在的他，却是有滋有味儿地浸润在电子学校07级1班这个温暖的大家庭里。

斌go是我们07.1班的"名人"。别看他平时不声不响，可从军训到现在，从老师到同学，没有人不知道他。

军训时的舍长

军训时，斌go被选为1605舍的舍长。

有一次，我去查宿舍，他竟然穿着旅游鞋爬到上铺，还振振有词的说

53

"反正一会儿还得下来"。下午出操，只有他一人没叠被子，说是"不愿意"。学过一些心理学的我明白，他是对我有情绪了，可能在每日总结时，没表扬他们宿舍的缘故。

明白了他的心思后，我耐心地进行沟通教育。可能，他觉得我的话有道理，脸色逐渐缓和下来了。

在随后的拔河比赛中，证明了这一次沟通是成功的，因为他第一个报名，场上他拼尽全力的样子，感动着我们在场的每一个人。

第一节课的"刺儿头"

开学，第一节课是英语。一般的学生，开学第一节课都很乖，而斌 go 第一节课就出故事了。英语老师状告斌 go 不读课文，还顶撞老师。办公室的老师纷纷说："军训训得轻了！""刺儿头，一定要及时修理。""这样的学生不狠狠治，过后还了得？"

斌 go 被叫到办公室。他竟然一脸无辜地说："我没有顶撞老师啊。"问其他同学，他们说："斌 go 开始趴在桌子上睡觉，老师让他读单词，他不读，还斜着眼盯老师。"斌 go 委屈地说："我从小就不会读英语，我根本读不出来！"

我没有劈头盖脸地训斥，而是平静地交流，并且说到了与人沟通的技巧，最后跟他说："你知道你平时跟人说话，神态怎样么？"我模仿了他斜眼看人的神态，斌 go 不好意思地笑了。

第二节，英语课结束后，英语老师高兴得特意找到我说："斌 go 这节课跟换了个人儿似的！"

被坏习惯"吃掉"一半的人

俗话说"从善如登，从恶如崩"。斌 go 身上的坏习惯实在太多，一个问题解决了，另一问题又来了。今天没写作业，明天没穿校服，后天又忘记带校卡，天天教育，天天有事。

有一天，我正忙得心烦，斌 go 又犯错了。我叹了口气，无奈地说："孩子啊，开学以来，我跟你说的话比跟全班同学说得都多。你再不鼓励我，老师也没劲了！"他怔怔地看了一会儿，突然说："老师，你别管我了。你太累了，你让我自己改吧！你给我一个周的时间。"听罢此言，我深受感动，并在班会上说出了自己的感动。

正如所料，那一个周，斌 go 完全变成了一个好学生。且看他那周的周记：

习惯的力量

习惯有好坏之分，好习惯可以造就成功，坏习惯可以毁了一个人。一个人的习惯对他的未来人生影响很大，而当你意识到坏习惯存在于你身上时，它早已深深地伤害了你，也许它已经毁了你。

而我就是那个已经被坏习惯"吃掉"一半的人。在我没有经过提醒之前，我根本就没有意识到，自己所养成的习惯有多么可怕。之前写作业好像根本不是我的事；集体，我的脑子里似乎没有这个概念；各种纪律对我而言形同虚设，不写作业，违反纪律，脱离群体，逍遥自在，这一切对我似乎很正常，我早已习惯这种生活了。

直到，我遇见了一位老师，是在她千遍万遍，不厌其烦的帮我纠正错误之下，我才终于良心发现，原来自己是一个有着很多缺点的人。这些都是拜我的坏习惯所赐。于是，我下决心改变自己，不辜负这位好老师对我的一番教育，不能让她的辛苦努力白费。

一个人要想养成好习惯，必须从小做起，严格要求自己。因为坏的习惯可能在你不经意之间就已经造就了，并且不知不觉已成为你的一部分，慢慢地影响你的一生。

一个聪明的人，一定会给自己养成好的习惯，而且，还要常做一下自我检讨，用来完善警示自己！

运动会的"焦点"

运动会，对斌 go 来说是一次机会，他想通过这次机会，弥补一些东西。从来没有上过场的他，自愿报了800米和5000米两项中长跑。

天不作美，运动会恰逢大雨，两天的项目压缩在了一天。这可苦了长跑运动员，被大雨一淋，很多同学感冒。斌 go 也有些发烧，我劝他5000米别跑了，结果他还是上场了。同学们很感动，齐声呼唤他的名字，为他加油。他感受着集体的温暖和力量，竭尽全力跑完了全程。

从此以后，全班同学都为斌 go 竖起了大拇指，他再也不是一个游离于集体之外的"逍遥分子"了，同学们接纳了他，他也爱上了这个集体，他不再是个"油盐不进"的同学了。

又撩蹄子啦！

要是你认为斌 go 再不犯错，那就错了，更严重的问题还在后头。

某日，有四个同学没交作文，放学后，他们在教室后座补写。几个班委在教室前边探讨工作，争论得很激烈。我坐在两帮同学之间，逍遥自在的享受一天当中最快乐的时光。

5 点左右，校园里逐渐安静下来了，补作文的同学也都差不多交上了，只有斌 go 还在那皱着眉头努力地写着。

　　此时，班委的争论到了白热化，最后他们只好请我裁决。几个班委同学围在我身边，我们兴奋地交谈着。

　　突然，一本作业"飞"来，重重地砸在我脸上。像一块石头投进了喧闹的鸟窝，教室顿时静了下来……抬头一看，只见斌 go 正冷着脸，鳖悠鳖悠地经过我们身旁，已经快走到门口了。

　　"回来！"我大喝一声。摄于我的威严，斌 go 退了回来。

　　"你什么东西？胆大包天！竟然敢把作业本扔老师脸上？！" 我站起来，愤怒地捞起本子朝他脸上摔去。觉得还不解恨，复又捡起来，撕得粉碎，甩他一身。

　　同学们被吓坏了，站在一边手足无措。斌 go 勾着头，一动不动，任我发泄。他们从来没见过我这模样，我的样子一定很凶。过了好一会儿，才听到一个同学小声说："真生气了……" 我这才反应过来眼前还有些学生。我最在乎的老师形象，反正已经毁了，遂转身大呼"你们都出去——！"大有要跟斌 go "单挑"的意思。但同学们没有离开，他们轻轻地走到我和斌 go 跟前，试图拉开我们，但没能拉动。我仍在朝斌 go 咆哮："你走！不要让我再见到你！"并且动手使劲儿地往教室门外拽他，可越拽斌 go 越往里蹭。

　　这时候，天黑下来了，这样僵持着终究不是个事儿，我迈步离开了。一出门，我就泪流满面，与校长碰个正着。看我神色不对，校长关切地询问，我支吾："没事儿，让学生气得。"便匆匆逃离。

　　没走几步，又让团委书记拉进她办公室，学管处主任也在。这回我掩饰不住了，边哭边说："他太过分了！性情孤僻，没有毅力；做事不认真，与人不合作；违反纪律，顶撞老师。他不声不响的，却天天惹事，跟同学关系也不融洽，翻脸比翻书都快。老师、同学都离他远远地。标准的

57

'手电筒'，自己没有多少能耐，却一天到晚盯着别人的脚后跟，唯恐漏掉一件'坏人坏事'。"

她们俩一边安慰我，一边表示她们出面处理这个放肆的学生。但被我拒绝了。

我们班的同学大多性格温和，相处融洽，唯独斌 go 不友好。他总是在班里静静地坐着，冷冷地观察，一旦发现别人有令他不满的地方，他的反应就非常强烈，或者运用肢体，或者运用语言，一定要把他的不满用他的方式发泄出来才肯罢休。

最早，有两个同学不幸惨遭他的"修理"，一个是处事行为独特的"腰哥"，一个是性格绵软得让他"受不了"的"老弹"。其实，这俩同学都是极其老实的孩子，从来都不会主动去惹别人，但斌 go 就是"看不惯"他们。在屡次挑衅之后，"腰哥"忍无可忍终于反击，并请来他哥哥把斌 go "教训"了一顿。几次交手，斌 go 没赚到便宜，就转移了目标。而"老弹"的好脾气、逆来顺受大大助长了他的"坏脾气"，以至于有个阶段他满眼都是"老弹"，连上台演讲都讲"老弹"，说他一定要探探"老弹"的忍耐底线。大家只觉得他是语文课上练口才，说说话而已，没太拿当回事儿。他可不是闹着玩儿。在接受了"腰哥"事件的教训后，他转变了方式，主要使用"软暴力"——用各种精神上的折磨来刺激"老弹"，目的是要培养"老弹"的反抗力。终于"培养"成功，在学期的最后一天，"老弹"把斌 go 叫到校外一隅"单挑"，结果"老弹"失败。

这两件事，本来应该给斌 go 处分了，但鉴于冲突的双方都有责任，又是班级内部的事情，且过后斌 go 的认识态度还算不错，在双方家长的共同努力下，我们就在自己班里解决了。

但斌 go 的坏脾气并没彻底改变，只是又转移了目标。这会，他把注意力放到了班干部身上。因为，本学期我班试行学生自主管理，班干部工作热情很高，制定了一系列班级活动和班级管理规则。班级同学非常团结，凝聚力很强，班级风貌让人欣喜，可斌go不愿意配合，经常给班干部找点事。但我班同学的包容性很强，大家装聋作哑就过去了。

没想到闹成这样……

同学们知道我不会轻饶了他，班里很多同学给斌go讲情，英语课代表佳佳当晚发来一条长信："老师，听说您还没回家。我知道，这种情况对一个老师来说很受伤。不过，他毕竟是孩子。俗话说，江山易改，本性难移。在您管教他的一年里，他每次犯错，反省后，都会有些效果。虽然，这次又犯了大错，他也不知道该怎么弥补了。他的确不是故意要用本子扔您的，是不小心扔在您身上。其实，咱们班交作业，扔的现象早就有了，大家都习惯了。您也别生气，他是什么样的人您很清楚。老师说不想再管他，不想再见他，那是气话，他毕竟是您的学生。我们知道您不会放弃您的学生的，更何况每天都要面对同学们。老师，别想那么多了，好好休息吧！"

是啊，我知道斌go不是冲我来的，可能，是因为不爱听班委们讨论的事，一向驴脾气的他拿本子"杀气"而已。但他的确是太过分了，这回我决心要杀杀他的威风。

我采取以退为进的战术，把这事交给班委来处理。班委为此事开了班会。结果可想而知，绝大多数同学的意见是：宽容为上，教育为主。斌go大为感动，诚恳接受一切惩罚，交出深刻的书面检查，并当众致歉。有这么几句话挺动人："……从我刚来到这个学校到现在，张老师在我身上付出的辛苦比对班里任何同学都要多，而我不知感恩，反而对张老师做出这样的事情，实在太对不起张老师了。我是一个有太多问题和毛病的学生，我自己知道，张老师帮我改正过，我却还没有改掉。这次以后，我一定会改掉自己的坏毛病，不再妨碍影响老师同学，希望张老师再原谅我这一次。"

斌go犯的错真是说也说不完，但也有打动我的时候。斌go曾经在班中坦言，这个班很好，他却不喜欢，因为，在这儿他没有伴儿。我喜欢，在作文课上，读他写的爱情诗的时候，他脸上流露出羞涩的表情。期末，英语考试，我俩赌他成绩，结果我输给他100元钱。最让我感动的是教师节他偷偷送给我的一束鲜花。2008年春游，那天，正好是斌go生日，我们做套圈游戏，我承诺，若与他有缘，他将得到一个我送的礼物，结果我真套到了一只漂亮的兔子，送给了斌go，他视若珍宝。……

唉！每当我要放弃斌go的时候，我就想，他是上苍送来考验我的礼物，要坚持！

上天的"礼物"

后来，斌go改变了，而且是彻底改变。

虽然，斌go十分感谢我，其实我真没刻意做什么，只是该怎样就怎样。我觉得真正让他转变的是岁月，是我们这个班，包括同学们的支持，陪伴，还有他自己的一次次反思。不过，他真的不再旁逸斜出了，他找到了自己。

斌go的成长故事感动了07级1班，他成为感动2008班级十大人物之一，颁奖词是他同位郭郭写的：

"曾经的他给人感觉冷冷的，桀骜不驯，叛逆，我行我素，仿佛没有人能够改变他。其实，没有人知道，在他冷冷的外表下，是一颗细腻坚强的心。也许，他也从没想过有一天会改变。

从刚入学的问题学生，到现在的进步最大、最令人感动的学生，可以说，他是经过了完美的蜕变过程。平时的他总是少言少语，仿佛一切都与他无关，其实，他的心里真的很在意周围的一切：在乎家庭，在乎同学，在乎老师，在乎成绩，在乎我们的班级！只是他不太会表达而已。他偶尔也会爆出一两句葛优式的冷笑话。之前的他也许是冷得就像硬石头，现在的他变得比较柔软。也许，是班里曾经为他过生日，也许，是班主任为他流过的泪水，也许，是父母老师对他的不放弃，也许，是同学们的关心帮助唤醒了他，终将他的心捂热了。

这是一个全新的斌，一个好学的斌。

他知道自己的专业课作业量不够，便拼命地补上，努力不落下。他的物理能够拼出满分，这让人惊讶，可在惊讶的背后对他有一份敬佩。他的努力，他的坚持，他的拼搏，他的改变，他的一切的一切，都被我们看在眼里，记在心里。

他的文采很好，见解独特，对一些事情总有很深的看法。他虽然平时不擅说，但是心里却有自己的想法。他钟爱篮球，对于篮球有很执着的追求，他从不盲目追星，他是理智的。他很喜欢记住有关篮球的一切，并且，在课堂上能侃侃而谈的为我们讲出很多，这让我们又看见了一个不同的斌。

他正在改变着，他也正在感动着我们。如今的他，学习着，奋斗着，进步着，成长着，我们相信，终究他会成为父母的骄傲，老师的光荣，同学的榜样的。

斌，加油吧！永远不要放弃自己，拿出拼搏的勇气，为自己闯出一片天。"

老天厚待我，两年后的六一儿童节，我收到了斌 go 一份大礼。

致我最尊敬的小朋友张老师：

2007、2008、2009、2010，这是我生命中最值得留恋的四年，也是咱们在一起度过的时间，拼凑起来也有三年的时间。我们之间发生的故事有太多。最初，我是用怎样一种方式让您认识了我啊！我们是怎样相处，这些，在我们的记忆里，彼此都非常清楚，了解。

……

现在可以说，没有您，我这三年可能就平淡的过了，也可能过不下去。上天已经对我非常眷顾了，我拥有别人所没有的幸运，别人所没有的经历。在这31个同学中，我是最骄傲的一个，我得到过您如此多的爱，如此多的付出，我是幸运中的幸运。

现在，要毕业了，我真舍不得您，但偏偏人生的旅途又必须去面临别离，走向自己的下一站，纵使有太多的舍不得也无法改变，我只有用力认真的继续向前走了。

还有，把我的家庭电话，家庭住址都告诉您，您可千万不要不联系，或者找不到我呀！嘻嘻，我还要再重复一遍，上天对我眷顾，让我拥有这三年，遇见您，我是如此之幸运。我们是朋友。

敬爱您的小朋友致张翼小朋友的一封信，一份礼物。

2010年5月27日晨

当然不能只把学生对我的感谢作为教育成果，像斌go这样有个性的孩子，一旦转变，他就会创造令人瞩目的成绩，感谢不感谢并不重要，最重要的是他身上的强大能量能否变成他自我成长的能量。

斌go将来会怎样现在还不好说，但他离开电子学校升到酒店管理学院以后，已经完全是一个品学兼优的班长候选人了，毕业后也是一个兢兢业业的网络工程人员。

婷嫚儿

婷嫚儿是一个帅气的男孩，同学们叫他"婷嫚儿"除了他的名字里有个"庭"字，其它原因不知道，大概是长像秀气，说话迟疑，有点像女孩？

刚接触，婷嫚儿给我的印象并不好：上课不听讲，不写作业；坐不住，喜欢东遛遛，西逛逛；各科老师均反映不好。但同学们似乎并不讨厌他，因为他为人随和，喜欢唱歌，喜欢打球。

我就那么让人讨厌？

有一次，他没交上作文，放学后留下罚写。自认为口才很棒的他试图说服我答应他回家写，遭到拒绝后便跟我顶撞起来。联想到他平时的表现，我故意狠狠地说了句："你讨厌极了！"可能当时我的表情过于严厉，一向抗击打能力较强的他，竟然被这句话击倒。他顿了一下，哆嗦着嘴巴怯怯地嘟哝了一句："我就那么让人讨厌？"说完，表情复杂地看我的反应。这个表情打动了我。我从婷嫚儿紧张的神情中读出了他的脆弱、认真和内心的渴望。

我把他叫到办公室，谈了很多。他不愿意说他父母的情况，只告诉我，他跟父亲住一起。想起他总完不成家庭作业，我便问了一句："你俩平时在家都干什么？"他两手一摊，低声说道："就是你看着我，我看着你……"便声音哽咽，说不下去了。我没再往下问，但我意识到他成长的环境是有问题的。于是我决定把婷嫚儿家，作为第一个家访对象。

"狱庭"

教育学上有个理论，叫过怎样的生活，就受怎样的教育。来到婷嫚儿家便知道他那一身毛病是从哪来的了，因为，他父亲对他要求太高，在家里他唯一能做的就是消极抵抗。显然，对于教师的来访，婷嫚儿父亲是有准备的，他说了很多话，却避谈孩子的问题。

婷嫚儿父亲算是事业有成人士，他拼命工作，忽略了自己的婚姻生活，跟妻子分居多年的他把自己的一腔爱心全部倾注到孩子身上。他自己带儿子，既当爹，又当娘，生活上很不容易，但工作依然很出色。做到大型国企部门经理位置的父亲，足以做孩子的榜样。

我没忘来家访的目的，我必须在有限的时间里把话题拉到孩子身上。在婷嫚儿父亲说了将近半小时后，我终于插上一句："高经理，您是很称职的父亲，孩子挺听话，也很尊敬您。他放了学就往家跑，我有好几次看见他是跑着去车站的。"感觉到了我的理解，他父亲凄然一笑："张老师，不瞒您说，我对孩子的教育是有问题的。朋友都说我给孩子取的名不好，'裕庭'不就是'狱庭'嘛，说我整天把孩子关家里就跟软禁他一样。"他终于给了我说话的机会，我赶紧接过话头："您太出色了，对孩子的期望值当然也很高。但您不让他上网，不给他手机，也不准他出门，这等于断绝他跟社会的一切联系，他唯一能做的有滋味的事情就是跟您抵抗。孩子没有了成长的空间，怎么能长大呢？"我一口气说了这么多，高爸爸没恼，只是深深地叹了一口气，说："后来我也知道这些了，但有什么办法呢？我自己的孩子自己知道，我要放开他更完了。为了陪他，我晚上尽量不出去，实在推不掉的应酬，我也是给他做好饭才走。唉，就这么一个孩子，但凡有第二个我就放弃他了。"

我明白父亲恨铁不成钢的心。婷嫚儿的父亲有点完美主义倾向，这个性格特点会促使他自己做出很多成绩，如果用在孩子身上往往适得其反。不幸的是婷嫚儿恰恰走上了这条令人失望的路。父亲既不服气，又很无奈；既想放开，又担心收不回，在爱恨、悔怨之间彻底失去了信心，剩下的只有慨叹，回避。

最后我与其父达成协议：放一放他试试，不行再想别的办法。

"苦行杨"

自从家访后,我极力转换角度去看待婷嫚儿这个孩子,他的许多优秀品质就是在这个阶段发现的。他的善良和热情是在同学受伤时他忙碌的找药、敷药的时候发现的。他隐忍、大度的品格是在他受到同学的冲撞后仍能接纳包容的笑容中发现的。他擅长生活,为人风趣的特点是在接待老师家访的过程中发现的。他敏锐的眼光,细腻的心思是在几次周记中发现的。

2008年秋天我从内蒙额济纳旅游回来,在课堂上给同学们看旅游照片,讲述死后千年不倒,倒后千年不腐的胡杨树的故事,并展示我特意带回来的一截枯死的胡杨木。婷嫚儿当场赋诗一首,显示了他过人的才华和细腻的情感:

苦行杨

这是一个神圣的旨意,
引导着向沙漠深处走去。
风会吹落脆弱的装束,
用沙抽打到疲惫无比的心灵。
看不到,走不到无限延长的路,
忍受着被咬过,被割过的痛楚。
我又为何会沦为如此境地呢?
上帝说,
这便是炼狱。
抬起头看到风与沙绚丽的舞台,

踏在稀少的石泊上，
这是它们的舞台，
留下了依稀的伤痕和斑驳。
走尽了，
到达了那古老的朝拜之地；
愕然了，
一大群苦行杨葬身于此。
它们拜伏在那里，
身躯已变得佝偻，
心却是无比的虔诚。
宁忍受净化前的苦痛，
根依然深绕地下。
多么虔诚的使徒啊，
即使上帝食言了，
也不肯迈开他坚定的脚步。
苦行的杨树，
看看罢，
枝干早已变得干枯，
我看到了裸露的筋腱，
皮肉和骨头的扭曲。
深深地陷进去，
想要寻觅他走来的脚步，
却被风沙埋没。
他们何时起步，
风鸣的沙子告诉我，
千百年前他们便来到此地。

> 我抚摸着,
> 那些被腐蚀,被折断肢解的木枝;
> 抚摸着,
> 炼狱后被消磨殆尽的皮肤下的干瘪的肌肉。
> 我的手颤抖起来,
> 我接触到他坚定的心。
> 哪里有什么长生不死?
> 他们早已得到,
> 虔诚与坚定是他不朽的永恒。

同学们惊呆了,这是我们身边的同学吗?这是被大家认为不可救药的婷嫚儿吗?这分明是个诗人啊!

我承认,我写不出这样的诗,那气魄,那意象,没有真性情,没有生活积淀能写出来吗?婷嫚儿内心里承载着太多的东西,"苦行杨"不就是婷嫚儿自己么?他在写作上的天分不容忽视。于是我鼓励他好好写,有机会的话可以推荐一下他的作品。

《踏步羊的简单文集》

受《苦行杨》的鼓励,婷嫚儿佳作连连。但他都是即兴写东西,跟许多天才作家一样,大多随手写在纸上。这些可能随手扔掉的手稿在我眼里都是宝贝,我都给他保留着,不久就积累一摞子了。我告诉婷嫚儿,如果他的作品够量,我将给他出本专辑。

这个时候婷嫚儿正对日本作家村上春树产生兴趣,于是一个颇为宏大的计划诞生了——他要模仿村上先生写一部小说。但他提前并没告诉任何人。

过完春节，开学后，他便拿出了八万多字的手稿——《推销猿》，让我们全班同学敬佩不已。

婷嫚儿在《推销猿》"写在前面的话中"这样说的：

"本人不才，受班上先生的赏识（大部分是鼓励），不知天高地厚的撰写了这篇小文章。有几次竟因词穷而中断书写，实在为先生丢了脸面，终于深知从缜密构思到雕琢码文之辛劳。

欲撰此书是在拜读了村上春树先生的《舞！舞！舞！》《寻羊历险记》与《挪威的森林》之后开始的。村上先生的文字令人着迷，不管是在空间的描写上还是综合描写（即在多个人存在于同一个空间时，用简单的文字来记述每一个人的空间与心理描写），都写得无与伦比；精美的细节，更像是观看歌剧；细致的动作描写，环境的突出体现，人物的心理描写都十分恰当地融会到了一起，令人回味无穷。于是便模仿起春树先生的文笔创作此故事，希望不会被指为偷鸡摸狗之辈。"

通过这段评述，能看出婷嫚儿的文学修养不低，他有驾驭长篇小说的能力。

开学后，我拿到他的《推销猿》手稿欣喜若狂，加上他前边零打碎敲写的诗文手稿，沉甸甸的一摞了，遂决定给婷嫚儿弄本个人文集。婷嫚儿也大受鼓舞，他属羊，模仿村上春树的《寻羊历险记》给自己文集取名《踏步羊的简单文集》

当然，从《推销猿》到《踏步羊的简单文集》的"出版"还有一个较为曲折的过程：他因修改排版等琐事的烦扰放弃过，因惧怕我的责备逃避过，因考试成绩不理想被爸爸封杀过。我也因给他修改稿子而差点出车祸。凡此种种，使得《踏步羊的简单文集》差点胎死腹中。最后在他爸爸的支持下，经过我们不断的鼓励，他还是完成了他的《踏步羊的简单文集》的"出版"。

这件事对于婷嫚儿来说，是他历尽艰辛而完成的一件大事，一件别人完不成的事，这个意义就不同了。

经过这个过程的历练，他完全变了一个人：人稳当了，不厌学了，考试成绩也上来了。最后结业考试，连数学和物理都破天荒及格了，并且在家里也不和他爸爸顶牛了。他爸爸一高兴，为来我们学校借读的地震灾区的孩子们捐了50多套衣服。

正如教育家所说，多一把尺子就多一个人才。像婷嬷儿这样的孩子，如果只用考试分数来衡量，他就是一个"次品"，就要被淘汰。可是，我们换一个角度看，他是一个热爱生活，具有创造力，精神世界唯美又丰富的孩子。他对世界充满好奇心，遇上欣赏他的人，他可以把他的作品的美与你共享，若条件成熟，假以时日，能否成为又一个韩寒，又一个村上春树，也未可知。

"你打我呀！"

"你打我呀！"我敢说，07级1班所有的人都知道，这是谁的口头禅，没错，是"老弹"的。

"老弹"是怎样一个孩子呢？在老师眼里，他特别老实，老实到没有朋友，但学习好，守纪律；在同学眼里，他很"气人"，不是调皮捣蛋而是"老实得气人"。他学习虽好，回答问题却从来没说过一句完整的话；明明喜欢打球，球也打得不错，班里组织球赛，他光跟着看，却从不要求上场；明明不"抗事儿"，时间长了，没人找他"事儿"了，他却戳弄身边的同学说"你打我呀！你打我呀！"对此，同学们哭笑不得。

有一次，自习课上，斌 go 突然站起来指着"老弹"大声喊："老师，你快管管他吧！"我吃惊地问："他怎么了？"斌 go 气愤地说，"他太老实了！太气人了！"大家哄堂大笑，"老弹"只红了红脸，一声不吭。

一次上美术课，我走进教室，同学们正在画画。大家画得聚精会神，"老弹"却孤独地静坐一边。我来到他身边，问他为啥不画画，他红着脸嗫嚅半天，我才听明白是同学把他的纸拿走了。我一听就生气了，"明摆着欺负人，这怎么行？"我小声跟他说："谁？告诉我！"结果他的手指头指了半天，一个目标也没有锁定。我寻问四周，大家都咕嘟个嘴没反应。

我本欲打抱个不平，看这架势不会有接招的迹象，"原告"也陈述不清，弄得我干着急。最后，还是别的同学给了他一张纸，他低头画起了画，这事也就不了了之。

2008 年 7 月 21 号早晨 4 点，时值暑假，我们参加奥运圣火传递，摸着黑在操场集合，全班只有"老弹"迟到。当"老弹"进入队伍的时候，他前边的斌 go 转过头来捣了他一拳，作为他迟到的"奖励"。我在队伍前头并不知此事。队伍有秩序地朝奥帆基地开拔了。没承想，"老弹"这回不干了，他要勇敢捍卫自己的尊严。就在回来的车上，他悄悄的告诉斌 go："咱俩找地方单挑！"于是，在别人都回家了的时候，他俩找地方"单挑"去了。结果，"老弹"又被打了一顿。

中午 1 点多钟，大家都在家补觉，"老弹"父亲来电话。因为打扰了我睡觉有点抱歉，但又抑制不住兴奋，用含混不清的语调和复杂的情绪给我叙说了俩孩子打架的事情。大概因为这次"老弹"的主动挑战在他爸爸眼里是孩子在捍卫主权的道路上，成功迈出了第一步，他要与我分享。但我 2 点要去学校开会，再加上学生都在家补觉，没法调查过程，我说，"等晚上再说吧"。

5 点多下班了，我在市场买东西，"老弹"父亲又来电话，吞吞吐吐的说要斌 go 家长的电话号码。我怕双方家长都带着情绪，沟通不好会激化矛盾，我说让他等等。无论我怎么解释他就是不听，非要斌 go 家长电话不可。我手里提着很多东西，耐着性子听他说。整整两小时，老弹父亲一直说，一直说，没有插话的余地，我说要几分钟给斌 go 的妈妈打个电话都不行。我快崩溃了，恳求道："我实在不想扣你的电话，我求你给我 2 分钟，我再给您打回来，好吗？"他这才停下。我赶紧给斌 go 妈妈打电话。

斌 go 妈妈性格挺刚强的，她很爽快的答应："张老师，您放心吧，我碰到讲理的，很讲理；碰上不讲理的，我更不讲理。"至于家长之间怎么沟通的，就不知道了。反正，不一会儿，斌 go 妈妈给我来了电话说："张老师，我们沟通好了。孩子我来教育，您放心吧！"斌 go 妈妈果然很讲理。

看来，"老弹"的问题跟他的家长不无关系。他爸爸除了把自己的内倾型粘液质性格遗传给孩子外，还因为过度保护而造成了孩子行为的被动退缩，人际关系受阻。尽管老师、家长甚至同学都试图用自己的方式帮助他，可他自我成长的动力不足，谁也帮不了他，弄不好还会起反作用。孩子的成长有自己的节奏，任何揠苗助长的行为都是一种破坏。对于"老弹"，我认为最好的态度就是陪伴，不干涉，尊重他生命本来的样子。

后来，我发现同学们逐渐接纳了"老弹"，并且喜欢上了他。高二以后，"老弹"就再也没什么事，一天到晚快乐地上学，打工。

不知是"老弹"成长了，还是我们大家都成长了。

"猴子头"

我害怕犯错误，因为，老师的错误会直接影响学生。如果因为我的错（无论客观还是主观）从而阻碍了一个孩子的成长，我决不会原谅自己。

做了二十多年老师，在自己的职业角色中，我从来不敢肆意妄为，严格按照一个"好老师"的标准要求自己，无论外在形象还是内心修养，我都不能放松，也不敢放松。不敢说到了"修己以敬，修己以安人，修己以平天下"的境界，至少坚持了"己所不欲，勿施于人"的原则。要求学生"认真做事，诚恳为人"我自己先认真工作，诚实守信；要求学生自尊自信，自己也乐观开朗，不卑不亢；要求学生尊重别人，我首先做到尊重别人，包括学生和家长。

"猴子头"其实是一个不错的孩子，他为人爽直，爱思考，有主见，自我成长能力比较强。但"猴子头"的情绪管理能力比较差，脾气暴躁，经常伴有攻击行为。

有一次，课代表收作文，报告有三个同学没交。按惯例，作业不能拖到第二天交，即便是作文，也要当天补上。我念出三个没交作文同学的名字，其中有"猴子头"。另两个急忙补写，而"猴子头"却无动于衷。我走到他跟前提示他，他说："不会写。"我没理他，我知道这几天他对我有情绪。原因是前几天为了课间操比赛，侵占了他们的体育课，作为体育委员的"猴子头"当众跟我顶撞起来，并且出言不逊。我狠狠地批了他一顿。这件事他压了股火，无从发泄。

"猴子头"说完"不会写"后，公然拿出手机与同位俩人头凑在一处玩起了游戏。作为老师我是不可能视而不见的。于是我走到他同位的身边，伸手把手机拿过来。

"干什么？""猴子头"瞪眼问了一句。

"没收。"我平静地说。

突然，他像斗士一样从另一个过道绕过讲台一下子蹦到我眼前，嘴里嚷着："给我手机。"

"你要干什么？"看到他的神态异样，我本能地说了一句。

"你，给——我——手机！"他咬着牙，提高了声音，红着眼睛一副要拼命的样子。

要出事！我告诉自己"冷静"。

正不知如何是好，班长过来把他拉走了。

班里静得可怕，大家甚至都不敢看我。不过我有个习惯，当事情危急的时候，往往会很冷静。我面无表情地把手机装起来，慢慢走到讲台，低头平静地批起了作业。下边鸦雀无声。

正在这时，先前约好的同事李老师来到我们教室门口，招手叫我，我坐她的车子去汽车修理厂提车去了。

大家知道这件事儿没有过去。第二天早晨，我走进教室的时候，教室仍然是反常地安静。我知道大家在等待什么。于是，我把在外执勤的几个本班学生会的成员叫进来（班里每有重要的事情都这样），同学们齐齐的等着我开口了。

我先笑了笑，解释道："对不起，昨天，因为跟同事有个重要的约会，所以，当有人要打我的时候，我没敢上，使得一场好戏没演下去。我知道我打不过他（学生笑）。若他把我打伤了，我就没法出去办事了，我不能爽约啊。很遗憾，我错失了一次当烈士的机会（学生大笑）。"

"谁稀罕（打你）……？""猴子头"憋不住了，抬起头。

73

"还说呢,如果我不自量力硬上的话,不就挨上(打)了?"我笑了笑,"不过,我不会挨上的,以我的理性,打不过人家,我是不会吃眼前亏的。但是,你威胁老师,是要负法律责任的。"

"谁叫你偏心来着?某某戴耳机听音乐你不管,某某某也在那玩游戏你不管,你只盯着我。你就看我不顺眼!"他终于急了。

"偏心?别人玩儿是写完作业了,你呢?你打女同学,我批评你,你不服气,也说我偏心。我就偏心了,偏向女同学,怎么了?全世界人都偏向女同学,都有错吗?"我越说越来劲,"猴子头"终于被我的火力压下去了。

突然,我感觉有点不像老师跟学生说话,像吵架了。为了维护自己的形象,我叫他换个地方谈。

"我不!"我叫他出去,他坚决地反抗。

他不去,怎么办?我总不能去拽他吧?

"那你等着。"我转身走了。

我径直走到学管处方老师办公室,不好意思地对方老师说:"方老师,帮个忙。您能去我们班把某某某叫到您这儿来吗?"过程简单叙述了一下,方老师很轻松地笑着朝我们教室走去。

早晨第一节就是我的语文课。我来到教室上课,"猴子头"的位子空了,我知道方老师正在跟他谈话。我没事儿一样上完了一节课。刚下课,"猴子头"就迈着他那特有的步子欢快地进来了。

我知道这件事结束了。

果然,在座位上坐了不到2秒钟,"猴子头"就奔向我(明显跟昨天的表情不一样了),开口就说:"对不起!"

"哪儿对不起了?"

"我态度不好。"他诚恳的说。

"你又犯老毛病了",我肯定的说,"下午放学的时候,你去办公室拿手机。"

他一天都没怎么说话。放学了，我走出教室，他默默地跟上来，我回头看了他一眼，算是用眼睛跟他打了个招呼。他说了一句大人们常说的话："我这个脾气真得改一改了。"太好笑了，我差点笑出声来。

从此以后，再也没有发生"猴子头"跟别人冲突事件。他跟同学老师越来越亲了。因为他的诚实正直，被评为2009年"班级十星"。毕业后他到部队当兵去了，圆了他的军人梦。

"一根筋"

"一根筋的班主任，带出一根筋学生。"每当看到我跟某些学生较劲的时候，坐对面的同事就会这样揶揄道。这就是个性。07级1班摊上了一根筋班主任，再加上几个一根筋学生，能没有故事吗？

他，虽然"一根筋"，但在我们班乃至整个学校可是个人物。他的成绩全得益于他的"一根筋"性格，他的问题也多出自"一根筋"性格。

当年一入校的时候，和其他同学的不同，在于他脸上没有失败者的沮丧，反而多了些塌实与安详。他老老实实坐着，话不多，说话时憨憨地笑着的模样，很像享誉海内外的净空法师。我对他印象不错。

军训时，因为严重"顺拐"，他基本没入队。在接下来的班级一切活动中他只能在一边做摄影师，这好像很中他的意。因为07.1班的活动多，我的小摄像机，从此便成了他手中的宝贝。他找到了自己在班中的位置，工作热情很高。

开学后，他积极主动地担当了班中所有专业课的课代表，并赢得专业课老师的信任，得到了机房的钥匙。每天中午，当别的同学都在教室睡觉的时候，他就在机房中捣鼓计算机，所以，他的计算机水平在同一时期超出同班同学。

同学们尊称他"师傅"。

暑假中，在别人都玩游戏或者打工的时候，他央求家长掏钱去学三维动画制作。在别人还没学会二维 flash 的时候，他已经在用 3D 制作模型了。他自己在网上开了工作室，制作了班级网页，班级的大事小情在网上都能看到。他还经常做点儿小东西送给这个送给那个的。教师节的时候，他把班级同学们搞活动的资料及我上课的录像等搜集起来利用他刚学的知识做了一套精美的光盘送给了我，感动得我热泪盈眶。听说我买了新房子，他立马要去图纸。一个星期后，中西两套风格的装修效果图送来了，惊得我目瞪口呆。学校老师们知道07.1班出了个"能人"，有什么活儿都去找他干。

他的名气越来越大。

随着影响力的增大，他活动范围也扩大了。学校大会小会他都跟着忙活。只有动漫班才有资格进的"苹果机房"，他也进出自如。很多学校领导也认识他了。

但逐渐地他和班里同学疏远了。

我注意到了这种疏远，但我认为是他的成绩和老师们的重用招致了大家的嫉妒心。为了保护他，我试图给他调整这种不和谐，跟他谈要注意搞好同学关系，甚至以任务太重为由给他撤掉了课代表的职务。但他似乎并没有意识到自己处在孤立境地，也没有明白我的用意，依然如故忘我地忙活。虽然已经卸任，上专业课的时候，他不顾接班人的感受，也不看同学们的神态，仍然穿梭在机房每台机器中间说说这个，评评那个。不但如此，在任何时候，任何地点只要说起计算机方面的知识，他一定毫无顾忌地大声发表自己的见解。看到同学们压抑的情绪,我知道早晚要出事。

果然,他整日带在身边的移动硬盘不翼而飞,而且还遭遇了暴力事件。

有一天,我在办公室批作业,他沮丧地找我,说某班某某同学打他。我问原因,他说不知道。我立马去找对方的班主任调查此事。原来是为开学典礼摄影的事儿。以往学校有什么活动,拍照摄影这些事都是学生会科技部部长负责。可是不知为何,这次开学典礼摄像机到了他手上。某班的某某是科技部部长,在忍无可忍的情况下教训了这个越权者。

如果,他能从这些教训中反思一下自己的问题,事态或许会有改观,但他没有。卫生班长抗议多次,说他经常不值日。我觉得他不是故意偷懒,只是他在机房那边太忙,顾不上。鉴于他的性格和为班级所做的贡献,我没有逼他更没有罚他,认为,已经到高三了,主要在机房上课,教室的卫生差不多就行了。

某个礼拜五,分管校长找我说礼拜六让我们班出25人去市政府有活动。我支持孩子们参加社会实践,但这次任务还真让我为难:全班总共31人,有8人参加技能大赛,他们已停课好久了,这两天工夫对他们来说挺重要;有7人要来学校排节目,下个礼拜就演出了;还有5个住校生,企盼着礼拜六礼拜天回家看望父母。但这样的社会实践活动,也一直是我们期待着的,机会难得。于是我决定,一个都不准假,全部参加活动。

同学们很配合。第二天,各路人等克服了困难准时到达工作地点,除了他。

我给他打电话,不接;发短信,不回。我又给他发了一则措辞更严厉的短信,仍不回。我明白他"一根筋"的病又犯了,我真希望他接到短信后能去,哪怕去半天也行,否则,他将承受严厉的惩罚——暂停参赛课。

一直到礼拜天晚上八点半他才来了短信:"张老师,我刚刚开机。收到您的信息。您好像说的是让我等通知,我周五下午教师下班后才离开的，但是，我没接到您的任何通知。"我心里那个恼啊，恨不得揍他一顿。因为周五我亲自上机房去跟他们小组的三个人说的，让他们都去，他当时在场的。若我说错了，那俩同学怎么去了呢？

我别无选择。

不需要给他解释，我只回信告诉他："明天开始，你回班里上课。"

星期一下了第一节课，我在办公室门口碰上了他，他说来承认错误。我急着要去上第二节课，急急忙忙告诉他："先回教室上课，下课再说。"而他却跟上来，也不说话，就这样跟着。我不让他跟着我，他嗫嚅着说："你上哪，我上哪。"我没理他，进教室上课了，把他挡在门外。

下课后，教室外没他影子，回到办公室发现他竟然蹲在我办公室门口。气得我真想踢他两脚，我依然没理他，进办公室批起了作业。接着，有两个认识他的老师进来给他讲情，都被我婉拒了。

办公室的老师们都知道我的作风，也知道我不会真停他的课，认为我这么煞费苦心的教育学生没必要。但我还是坚持了自己的原则。

见我软硬不吃，他只好乖乖地在教室里呆了三天，再也坐不住了，又去办公室找我，诚恳地承认错误。

"知道老师为什么这么做吗？"我问他。

"知道。一是我影响了集体的利益，二是我冒犯了老师。"

"有没有想到别的原因？"

"？"

看来他并没明白我的良苦用心。这几天的努力白费了，我对他的教育没有什么效果。沮丧之余，一根筋的我突然有了一个新主意：请班级的同学出面帮助他，同学的话他应该能听进去吧。

第二天早自习，我把这几天两个"一根筋"的"互动"情况在班里说了，请大家评判。君君、"猴子头"、斌 go 三人发言说老师是在给同学改毛病，怕他将来在社会上吃大亏才这样做的——这三个人恰恰都有"一根筋"的毛病，都是经过了这样"痛彻心扉"的过程后才明白这个道理的。当君君发完言的时候，大家都笑了，因为君君在去年这时候犯了跟他几乎同样的错误。君君离校学生会主席的目标仅有一步之遥了，我拼了老命才把他撤回来。他在跟我较了一学期的劲后，终于明白了老师的良苦用心。

我心里有了一丝欣慰，以为这"一根筋"也跟君君一样，最后会明白老师的心。

我给学生们打了个比方：有个新手驾着一辆性能并不太好的车子上了快速路，把车速开到了一百二十迈。他来不急看路况、路标，只一味的赶路。老师认为他这样太危险，于是，给他人为地设置了一点障碍而已。你们觉得不应该吗？学生都明白了，连那"一根筋"似乎也明白了。

教育好孩子容易么?！

但这件事，我是不折不扣地失败了。

我以为他明白了，事实证明，他并不明白，或者他想到别的地方去了。我为自己的一根筋付出了沉重的代价。

三年后，为了写《半个老班半个妈》这本书，我让班里每个孩子叙述一下毕业后的状况，没想到就收到了他写来的一封骂我"披着羊皮的狼"的信。让我难过的是，自己还找同学捎信儿让他来我家做客，因为我在整理班级资料的时候，发现很多资料都经他手留下的，我要当面感谢他。"客人"没请到，却请来了一封辱骂信。

我怎么就成了"披着羊皮的狼"了呢？而且是离开学校三年后用写信这种方式骂我，也太……我将真心待明月，奈何明月……

我感到委屈，愤怒，不解。正赶上在海外留学的孩子探亲回家，看到这封信后，气愤不已，当即表示要找他算账。我拒绝后，她就朝我发火："你看，你都把他惯成什么样了？"

我知道自己宠学生，但无缘无故被自己用心教育了三年的学生那样辱骂还是让我感到不公平。后来，我读到《第56号教室的奇迹》这本书，发现"享受"教育失败恶果的人，不仅是我，连获得美国"总统国家艺术奖"的"全美最佳教师"雷夫老师也遭遇被他的爱徒毁坏教室，扎破车胎等报复事件。雷夫老师总结说："任何拿出真心诚意对待教育这份工作的老师，都会暴露在惨痛失败和心碎失望的风险下。"雷夫老师曾经为了积攒班费去看守厕所，送过报纸，当过家教……我还没做到他那样用心呐。这样一比，心理就平衡了。

31个孩子，有那么一两个骂我的也正常。

可能我俩沟通有问题，也可能我有问题，让时间慢慢平复这一切吧。

我与君君

总认为我们是两条线，交汇在一起后，便要远离，走得越来越远。可后来，我才发现，我们是两个圆，两个拥有同样属性的圆，而它们的相交有两个交点。

——君君

应该说，君君是很有才华的，他用一个简单的比喻生动准确地刻画了他和我的关系。如果只是两条直线相交，那就是渐行渐远，永远不再有故事了；而两个圆撞在一起，卷入越深，交集面越大，故事就越多。我和君君的故事可以写一本书了，但在《半个老班半个妈》这本书里，我俩的故事只能压缩成一篇文章。

相　逢

君君留在我记忆中的第一幅画面是军训中甜蜜可爱的小男生。

某一天晚上，八九点钟的样子，我来到男生宿舍楼查岗。黑影里，走来一个个头不高，面相乖乖的男生，用温和好听的声音低声说："老师，我发烧了，而且刚才不小心磕着腿了。"并卷起裤腿，给我看他的伤口。

连日来，高温和高强度的训练令许多孩子吃不消。我急忙催他找校医，并嘱咐他休息。可这孩子一点儿不急，笑眯眯地说："不用了，老师，我自己处理一下就行。"我察看了他渗出血渍的伤口，又瞪眼瞅瞅眼前这个微笑着安慰我的孩子，有一点赞许也有一丝感动，叮嘱他，还是要去找校医。查岗任务重，我只好匆匆离开。

开学了。君君自荐了语文课代表的位置，看来他对我的印象也不坏。接着，我在指派班委的时候，觉得君君是个细腻有责任心的人，就指定他做生活委员。他欣然就任。

再后来，君君就成了07级1班的"领头羊"之一。让君君的才能大放异彩的是成为班里的"领头羊"的日子：他的组织能力、创造能力、协作能力、沟通能力和语言表达能力都得到了很好的发挥和展现。

另外，君君还通过自己的努力去了校广播站，他那好听的男中音响彻校园。

人生若只如初见该多好啊！可美好的东西总是不那么长久。破坏我和君君美好感觉的是一个叫"学生会主席"的职位。

较　量

本学期，校学生自治会换届。我班同学经过努力，有8人进入学生会，而且多身居"要职"——学生会副主席、纪检部部长、宣传部部长、组织部部长、文艺部部长、秘书部部长、卫生部副部长，让同学们过足了"官瘾"，我班也因为出了这么多"大官"而显赫一时。

都说职业学校的学生特别爱"当官"，我并不认可，因为在我班没有"官儿"，只有负责人。一夜之间，突然有这么多的学生走出班门，进入学生管理的最高层任"高官"，这对于一个仅有31名学生的班级来说是一份光荣也是一种压力，对一个从没当过"官儿"的学生来说更是一份挑战。他们上任之前我曾跟他们约法三章，怎样对待权利，怎样处理好学习、工作和班级之间的关系，怎样协调发展都有约定。但是，我们的孩子可能急于证明自己，也可能年少免疫力差，一旦进入权利漩涡，有些经不住考验。君君在竞争"学生会主席"路上就是这样折戟的。

君君是一个坚强而有能力的人，在一帮善于逃避的显得有些懦弱的孩子群中，他出类拔萃，也从不掩饰他对管理层的向往，他说他对学习不太感兴趣，却想在学校锻炼自己的管理能力。我知道他的目标是做学生会主席。从一开始的语文课代表，生活委员，班级团支部书记，做到了校学生会副主席，离他的目标只有一步之遥了。

对于有梦想的孩子，我一向大力支持。可是，就在他参与学生会主席竞选的关头，有同学和老师跟我反映君君不守规则，有恶性竞争的倾向，而且在竞选学生会主席的那个阶段他基本不在班里，班级工作受到影响。我不得不找他，我批评他没有按照我们的约定去做。但他根本顾不上这些，依然我行我素。

疯了！看来我必须采取行动了。首先撤了他的课代表，他一笑了之，继续"跑他的路"。不几天，一位班主任老师忍无可忍，到我那儿重重地告了他"一状"，说君君带坏了她班的学生，说君君已经挟学生会主席之名而令学弟学妹了。

我愤怒到了极点。第二次找他责问此事，他依然不接受。当我说要撤回他学生会任职时，他爆发了，不光把学生会的牌子甩给了我，而且扬言团支部书记也不干了。

他甩了牌子！与其说伤心，还不如说是一种挫败。他可是我一手培养出来的"领头羊"呀！在他眼里我挡了他的路，他恨我是正常的；而在我眼里，他违背了"我们的约定"，毁掉了我的"旗帜"，我恨他更是不折不扣的。

为此，气得我晚上睡不着觉。

像是有感应，他在晚上十点钟发来一条短信："事情已经这么样了，我也不想多解释。不过，今天看到你眼湿润了，我挺难受的。别为我一个人，你今晚睡不好，不值当的。我那么恶心的人不配。"言语中仍有怨恨，但其中的关怀还是很真诚的。我虽然仍咬牙切齿，但内心里最柔软的那根弦还是被拨动了。

"我正在努力劝说自己，把你当作我的一个工作对象而已。"我回了一句，明显带有情绪。

"我知道您为了我好，怕我这坏脾气带到将来，会吃亏。您是个好班主任。但，我今天听到您对我的评价，很伤我。第一次那么委屈，希望你能换个角度看我，了解我。别人无所谓，可老师您，我很在乎您，包括您的每一句话。"他依然很诚恳。

"我知道你恨我。我准备让你恨我一辈子！"扔回了这句话，我感觉舒服一些了，准备睡觉。

过了一会儿，他回了："我很感谢您，并且不会恨您，因为我明白您为了我好。可这次您真看错了，有些话我能感受到老师的真诚，但有些话，我却不能接受。好希望您能了解真正的我，做一个了解我的朋友。"

不知为何，我又生气了。还不了解吗？不就是想当那个"官儿"吗？我愤怒地回了两个字"谢谢！"过了好长时间见我没什么反应，他回了："早睡吧，安。"

逃 课

你不要以为我和君君"两个人的战争"结束了，还早着呢！

这不，君君使出了他的"杀手锏"——逃课，而且一逃就是20多天。这在别的班，故事早就结束了，劝退完了呗，职高又不是义务教育。而在我们07级1班可不这么简单，我是谁？那是号称从教20多年来，未从自己手里流失过一个孩子的老师。表面看，啥事没有，君君在家逍遥，我在校忙活，但心理的较量一刻也没停止。

这期间，君君爷爷、爸爸都来学校见过我，当然不是来给孩子求情，是"汇报军情"。在教育君君这件事上我与君君家长配合默契，我们早已形成一股合力，君君实际上是在孤军奋战。但君君不怕，家人早已经不是他的对手。爷爷是我敬重的老人，曾经为我们班写过字，君君是他最疼爱的孙儿，现在这个生性执拗的孙子仿佛一头斗兽场的小公牛，一句话也听不进去。看到爷爷迟重的身板和痛惜的双眸，我也不知该怎样安慰老人。君君爸作为君君唯一的监护人，还是一个蛮负责的家长，在跟君君几番较量后爸爸败下阵来，凄然地说道："张老师，他跟我动手了……我欠他的……"面对这个不断摇头的单身父亲，我陡然升起一股侠义之情，毫不含糊的说道："反了他！你不要管了，交给我。"

一声断喝很痛快，但这20多天的日子那么好过么？

据说，他哪儿也不去，就闷在屋里，跟家人一句话也不说，每顿饭由奶奶送进门，不缺给养，他耐久战；我这边是压力一天天增大，明明望眼欲穿，表面却不闻不问，风淡云轻。我能做的就是不断地鼓励自己："他即使走了，也不是个坏事——踏上社会就知道了。""即使流失一个孩子，又能怎样？天塌不下来。"这期间，班里的同学不断地"讲情"，我似乎铁了心。

细心的同学会发现，尽管我和君君较上劲了，但君君的位子一动没动。

想你了

记不清他是怎么回到课堂上的，反正后来，他又坐到他位子上了。但我俩好像达成共识，都选择了等待，等待我俩'通连'的那一天。同时，我们之间学会了互相尊重，不再强求了。

暑假期间，我听完了暑期教师培训课《沟通》后，当晚写了一篇博客：

"……虽然在别人的课堂听课，我却有一种熟悉的亲切感，看着眼前抢着说话的孩子，我不知不觉地产生了'移情'——我想我的学生了！内心里顿时温柔起来，分别一个月了，不知道他们现在都在哪里。

这个假期我给他们布置的唯一作业就是走出家门，踏上社会，或打工或学习，决不允许在家里呆着，并责成父母监督，开学我检查作业，完不成作业者追究孩子和家长双方责任。我不知道他们现在怎么样了，是苦不堪言，半途而废呢，还是欢欣鼓舞，游刃有余？我正走神，老师的课上完了，我被点名上台评课，我只好如实地说我想我的孩子们了。可能是真情所至，很多老师竟被我的'想学生'所打动，有的甚至闪起了泪光。

人心真是有感应。就在我说'想学生'的当天晚上，君君发短信问我假期上哪玩儿去了，我很不好意思地把我白天在外校听课的感受告诉了他，没想到他回了条：'天呐，太巧了，我也想你嘞！'后来，陆续地又有很多学生来信汇报他们的'作业'进展情况，我懂他们的意思，他们也想我了。

君君说'想我'很出乎我预料。自从我把他从学生会副主席的位子上撤下来，阻住了他通往学生会主席的路，我做好了迎接一切的准备。我知道他内心的嗔怨不是一两句话能说清的。

时间真是一个好东西，它会疗治创伤。一个月的功夫，我不知道君君暑假在摆摊儿卖书的过程中学到了什么，或许他理解了老师，或许他明白了自己，或许某个人或某本书让他突然'顿悟'了。但一句'你在哪儿'深深地打动了我，真情像温润的风，瞬间融化了我心头所有郁结。

有时人与人之间的沟通真的很奇特，你不知道时机在哪儿，不知道第一个眼神、第一个表情、第一句话是怎样用心或脱口而出的，你不知道彼此情感的碰撞至何处。

有时人与人之间的沟通表现得很简单，一声轻轻的问候，一个淡淡的微笑、一个清澈的眼神、一个无声的举动都可能使曾经的不快冰释前嫌，曾经的误会烟消云散……"

这事对我和君君都是一段难忘的经历，在感性和理性徘徊中，我的表现可能更孩子气一些，而他是拿出最大的爱心和耐心来对抗自己的负面情绪。我觉得我对他最有价值的教育就是一直空着20多天的那个位子。没有撤走那个位子，等来了一个全新的君君，续写了一段教育佳话。

后 来

后来，凤凰涅般，君君开始收获成长的果实了。看他的优秀毕业生档案吧。

在校经历：

担任职务：担任2007级1班团支书、校学生会副主席、学校电台台长、校话剧社社长

获得奖项：校艺术节演讲比赛一等奖；校艺术节相声小品比赛一等奖；校辩论赛最佳辩手、市高中生校际辩论赛冠军；2009年山东省语文基本功比赛一等奖

毕业后社会获奖：

2010年"肯德基对话90后"话剧比赛获得"明日之星"奖

2013年青岛广电星主播主持人大赛获"最佳人气"奖

2013年青岛"最美新声代"主持大赛获冠军

岗位成才典型事迹：（自述）

自毕业后踏入社会，仅凭一腔热血四处闯荡。换过许多工作，寻找自己的定位。先后在超越前程人力资源公司做猎头招聘、康普康医疗中心做销售、天才宝贝教育中心做中文老师，在每一个公司、每一个职位中学到了许多东西，增长了一些社会工作经验。

但这些，并不是我想要的。在青岛电子学校期间，学校开启了我对主持、语言方面的兴趣，并给了我大量的机会在此方面得到锻炼。同时，学校的学生会、电台、社团等团体的栽培也锻炼了我的组织管理能力。因此，开始寻找有关语言或者是管理方面的工作。

经过一年的努力，最终成为了网上签约主持，并且成立了个人工作室，集合了许多的专业主持、歌手、CV等网络人才，与歪歪语音平台等媒体进行着良好的合作。我知道，这些成绩获益于在校期间专业知识方面的学习，为音频、视频制作等方面奠定很好的基础。

努力还在继续，感谢学校给了我通往成功路上实现梦想的武器。

梦想不休，奋斗不止！

成功秘诀：

成功是"折腾"出来的。

余 音

要写书了，我俩又说起"较量"那事（下面的凤颜是我）。

2013-08-13 0:13:18 君君

其实，我就是不太守规矩，不爱午休，学习，又不努力。上这个学，我只能干那些事了。

2013-08-13 0:16:12 凤颜

学校不可能让个不好好上课，不穿校服，不守规矩的人当学生会主席。

2013-08-13 0:16:32 君君

然后还不知道圆滑——跟老师还顶着……我高中时候身上毛病一堆堆的。

2013-08-13 0:18:20 凤颜

对呀，这就跟自家孩子惹祸了的感觉一样。还有一点，是你找了好几个人做我工作，我逆反啦！

2013-08-13 0:18:37 君君

哈哈！从你嘴里说出你"逆反"两个字，怎么那么逗呢？

2013-08-13 0:19:59 凤颜

我主要反对你"急"。

2013-08-13 0:20:07 君君

现在都懂了。

在您的批评、教育下，现在，我处理事情稳当多了。

2013-08-13 0:21:22 凤颜

嗨，现在想想，我也有问题。

我凭什么干涉你们的节奏和方式？又不是干坏事。

2013-08-13 0:23:04 君君

其实，这是必须的。人都是生活在一个有方圆的盒子里，不管在学校还是社会，都有个规，有个矩。太急了会出格，容易违背规矩，不知道方圆在哪儿，没有规矩，不成方圆。

2013-08-13 0:24:29 凤颜

我当时就觉得你是开着一辆质量不好的车，在路况很差的时候疯闯。能理解当家长的滋味儿么？

2013-08-13 0:24:53 君君

对呀，所以，我真挺感谢你的。说实话，不是所有人都理解。

2013-08-13 0:25:13 凤颜

是啊，不用说学生理解不了，有些同事也不理解，他们反复质问我："为了个学生，你至于吗？"可我从来没觉得你们只是我工作的对象，我是凭自己心。

我当时想，与其让你将来吃大亏，还不如现在……

2013-08-13 0:25:33 君君

我觉得是这些事以后，我才真明白点事了。

你让我放下，我不，你逼我放。当放下的时候我才真正理解了。

高三的时候，我去参加比赛，仇老师有时候急得凶我，我就跟她说，"顺其自然"。结果，就拿了个山东省一等奖回来。

2013-08-13 0:28:32 凤颜

其实，你在家的那些日子我才焦虑呢。你知道么，我天天在给我自己治疗。哈哈！你回来后，终于一块石头落了地，我都差不多要感谢你了。

2013-08-13 0:40:30 君君

哎！我在电子学校也成神话了。逃课那么长时间还能回来！

2013-08-13 0:44:34 凤颜

那叫"休克疗法"，是狠招，轻易不用的。

2013-08-13 0:45:31 君君

我自己都佩服我自己。

哈哈，哈哈——

丸子与大拿

要说丸子必须说大拿,丸子和大拿是一对儿,目前,是我们07级1班唯一的一对恋人。要没有他俩的故事,我们这本书会缺少浪漫的一页,感谢他俩为我们的故事添了彩。

我对于青春期恋爱的事儿,不提倡也不反对,除非当事人需要我了,否则我一般不过问。07.1班8个女孩,23个男孩,正值青春期不可能没有恋爱的故事。我知道很多他们这方面的事,也知道有些孩子是在"恋爱"中成长的。在这儿我不想写什么青春期教育报告,我只想告诉大家,让我费尽心机教育的丸子,不是我教育好的,是大拿同学教育的。丸子的改变跟我没有什么关系,丸子的家长应该感谢大拿,当然,我也要感谢大拿,因为,自从她的名字,从丸子嘴里说出的那一刻,我的工作轻松了不少。

丸子也是我们07.1班的名人,只要一个新老师给07.1班上完课,接下来往往会有这样一番对话:"你们班绝大多数同学上课很好,就有一个……","他是不是接话把?油嘴滑舌?""啊~对,对,对……"我真是拿丸子没办法,跟他谈了无数次话,也做了家访,叫了家长,甚至专门为他建立了成长日记,最后实在不行还给了他一个处分,都没有什么效果。他依然是大错不犯,小错不断,时不时还闹点儿幺蛾子让你不消停。

其实,丸子品质还是不错的,聪明机灵,在体育上有特长。从小学到初中他都在足球学校踢球。后来,家长感觉踢球没有太大的前程,把他送到电子学校学计算机,感觉这是个像样的事。可是,他对学校的所有课程一概不感兴趣，连玩儿游戏都也不入流。

　　体育有点儿特长，刚开学被指定为体育委员，但他经不得约束，担不起责任，很快就被撤掉了。班级男生大多数是"宅男"，只有他一个"体育生"，所以，在班里较孤单。在学校他唯一的乐趣就是调皮，耍贫嘴，犯点不大不小的错误跟老师斗一斗嘴，搏大家一笑。前两年，我对他的所有教育基本是失败的。他是在校期间，我认为唯一一个教育没效果的孩子。对此，他应该挺得意，看他那嘚瑟样吧！

　　唯一值得肯定的是，业余时间他会帮着家人照顾烧烤店儿的生意。

　　不知是第几学期，有一天，他主动来到我办公室。这次的谈话最少，也是我俩最后一次单独谈话，是给我印象最深的一次。他神情凝重地跟我说，他喜欢上了我们班的一个女生，"不知道为什么见着她就紧张"，就这一句话，我断定丸子改变了，从里到外都改变了。

　　丸子怎样谈的这场恋爱我不知道，我所知道的就是丸子同学从此很少去我的办公室了，而且任课教师再也不提他的名字了。当然，我知道，他喜欢的女孩儿是我们班的大拿。

　　大拿是我8个"贴心小棉袄"中的一个，所以得名"大拿"，是因为她名字里有个"娜"字，担任班里最难干的职务——卫生班长，她为这个班付出很多，她是我最疼爱的孩子之一。

　　丸子跟大拿谈上恋爱了。据我观察，他们相处认真，大拿同学的学习和工作没出现什么不好的迹象，丸子是一天比一天律己，严肃。

　　我放心了。看来，爱情教育只有放到爱情中去教育才有效。

　　后来，他们一起去了酒店管理学院。听说，丸子在大学里当上了班长。他们关系一直比较稳定。

　　毕业两年了，我以为他俩快结婚了呢。但就在写这本书的过程中，我得知他俩分手了。原因不详。

　　07.1班毕业三年后重聚在111教室。大拿来了，丸子在百忙中也来了。因为他们分手的事，同学们都挺痛恨丸子的，但大家都知道丸子为谁而来。

而且丸子来之前给我写过一封信：

张老师，感谢您三年来对我的教育。现在大学毕业我正在做我自己的小事业——一个不大不小的啤酒屋。希望张老师不要笑话我，我感觉我对餐饮这一方面比较爱好，高中就开始干，一直干到现在。

高中三年给您添了不少麻烦，现在回想一下，感觉很不好意思。有点后悔的是高中三年您教育我的时候我都在顶嘴，我都没听进去。

现在，我每天过得很充实，摆摊，进菜，串肉串。每天晚上在我附近的一些同学都会过来义务帮忙，不过我要管他们酒喝。其余的那些离远的一个星期过来消费一次。我们干活认真干，喝酒往死喝。喝醉了就闹，一有音乐我们就跳。别人说我们是酒彪子，但我觉得挺快乐。虽然，每天挺快乐，感觉压力还是挺大的，我的家庭这几年变化大，本来比较富裕的家庭现在一贫如洗。父母把全部的积蓄给我买了房子，我却连装修的钱都拿不出来。因为这些事我现在改变了很多。以前，嘴挺贱的，现在基本不爱说话，和朋友们喝酒也不交流，朋友觉得我成熟了，父母觉得我抑郁了。高中会说话却很少有女生喜欢我，现在不说话了却总有女孩喜欢。如果，我现在还和娜在一起，明年的聚会说不定就结婚了，只可惜我自己做得不好，……不过现在好了，可惜也已经分手了。现在给我介绍的姑娘我妈基本没看好的，只让我照着娜的标准找，听着挺难受的也挺讽刺的。

以前的梦想是能够统治世界，让父母家人以我为荣，现在，却只希望在我45岁之前，努力发展建立起我自己的希望小学，让那些困难的孩子在我呵护下茁壮成长，我就会很高兴。我不需要他们回报。我现在和球队的大哥们一起资助一个平度的困难男孩上学，我们要一直资助到大学毕业。过年的时候想给他写封信，可能到时候会请教您。现在我要做的是努力挣钱。如果等您退休了，我也发展好了，我们一起办个希望幼儿园也不错，你觉着呢，张老师？

这封信让我不胜感叹，为他们的分手，为丸子的伤感也为他的成长：一个男孩要付出多少才能长大呀！但爱莫能助，谁也不能替他们做主。

可没想到，不久我又得知丸子、大拿和好了。是大拿亲自告诉我，我才信。大拿说："老师，您知道么，就是因为这本《半个老班半个妈》我们俩才和好的，因为您说要写我们俩了，我们俩就又好了，哈哈！"

哎呀，成人之美，功德无量！

你看看，书还没写完，已经玉成了一桩好事。这本书不可小觑。

哭兰肃

兰肃是我们这本书里唯一的真名。人已经走了，就让我们用真名来讲她的故事吧。

这本书，兰肃已经看不到了，兰肃的昵称——花姐、花花姐、兰花花，是我们07级1班只能放在心里呼唤的名字。

唉——，真的不想写这篇文章。调整了很长时间的情绪，在动笔写下兰肃两个字的时候，还是忍不住流泪。

她太年轻，22岁的姑娘，正如花般的绽放，美好！而且她在我们班里的名字就叫花花姐。现在，她在我们心中成了永不凋谢的一朵兰花花。是否，冥冥之中有定数，花花姐永远不会老去？

她很纯洁，我们班唯一的崂山孩子，一个土生土长的崂山姑娘，美丽纯洁得像北九水的水，甘甜清冽！是否这个世界太污浊，我们的兰肃遁入

93

寺庙，躲起来了？华严寺就在她家附近，她还领着我们全班去游玩过华严寺附近的二龙山。

她太可爱，心无城府，活泼爽朗，是我们班所有同学提起她的名字都会笑出声儿的人。是否上帝缺少一个可爱的天使，招她去举行什么活动去了？她怎么舍得离开我们？总觉得兰肃哪一天还会回来，我们班所有的人都不相信她走了。

难道是我唚瑟厉害了，老天爷惩罚我们班？因为，在兰肃出事前，《半个老班半个妈》书稿提纲已经定下了，第二大部分，原来不叫"我们都有了自己的故事"叫"一个都不能少"，可就在动笔之前，少了一个。这叫我情何以堪？

唉！世事殊难料！

动笔写此书已有一段时间了，一直不敢想兰肃去世这件事，在整理我们班素材的时候，不断地看到她的文章、照片还有视频，让我这颗脆弱的心饱受冲击。

兰肃很依恋这个班。从07年秋天我们班成立那天起，除了回家，她很少离开我们，只要班里有什么事，她都第一个报名。可是，2014年暑假，她"走"之前两个月，我们班聚会，她竟然没来。我已经三年没见过她了，挺想她的。我还问同学，她现在什么模样？胖了还是瘦了？还是笑起来脸上堆起两朵红云吗？她有男朋友了么？同学们说她现在状态特别好，工作之余到处旅游，而且喜欢自助游。

谁知，离开我们没多久，竟命丧她向往的天堂——普吉岛。

唉！是我们情深缘浅吧……

其实，对于淳朴可爱的兰花花，也不知为何，我心里一直有个不能说出来的念头，就是希望她谈场恋爱，跟自己班里的男生谈谈也行。上学的时候看大家都喜欢跟她玩儿，我会猜她跟班上谁谁谈恋爱，而同学们都是笑着否定。

出事后，我心里还惦着这件事，更问不出口了。

她去泰国旅行没人陪着吗？那夺命的海浪冲向她的时候，是哪个人在给她拍照？

但没人回答我这些个问题，回答了也没有什么意义了。

我们的兰肃爱笑，笑起来声音大，逗得我们全班笑。

我们的兰肃爱玩，班里组织活动，她每次都来。

我们的兰肃爱美，我记得她喜欢照小镜子，有一次，还被我没收了。

谁有她毕业后的照片吗？

唉，我写不下去了……

请允许我跟兰肃说几句话吧：

兰肃，我们之间有很多故事，我本来要把这些故事写出来留作纪念的，但我写不出来了，因为写故事太欢乐，而我的心情太沉重，我不想写。请你原谅！

另，你送我的教师节礼物，我会珍藏；你放我这儿的周记本和"小秘书"本，我去看你的时候会"还"给你的；你的照片、文章包括你获全国大奖的征文我都收录在班级文件夹里；你可爱的笑容永存我们的心里。

兰肃，我们现在不能去看你，尽管我们很想，但我们考虑你父母的感受，我们不想去打扰他们。让他们平静一阵吧。我们约好了，等这本书出版了，我们带着新书去崂山看你。

你等着啊~

兰肃，我想把你军训的部分日志放到书页里，因为，你写得太好了，这散发着泥土般清香的文字记录了我们在一起的日子，我想让这段时光永驻，你同意吗？

2007.8.28　　星期二 晴

今天，是我们军训的第一天，吃苦的日子终于到了。我放下以往的娇惯，认真遵守秩序。一大清早起来就开始训练，可不知为什么我却能够接受得了。吃饭的时候没有胃口，没怎么吃，所以早饭后接下来的训练我感到十分痛苦。不过我还是没有走下"前线"，毅然而又肯定的接受了自己的信念——别人能做到的自己也能做到。

午餐吃得一点也不剩。哈哈！

一天下来全身上下都特别痛，真想哭。本以为已经训练完了就可以休息，可是晚上教官还教我们应该怎样整理内务。这让我受益匪浅，等回家的时候，我要把我学到的好好展示给爸妈看，把家务做得比妈妈还要好。

努力吧！往后的几天将会更加艰难，但我不会放弃。

2007.8.31　　星期五 晴

由于拔河，手到了晚上睡觉的时候特别疼。躺在床上回想起拔河时的情景：拔完河室友围着给我搓手，给我消肿，露出心疼的眼神。我真的很庆幸遇到一群这样好的室友。

该睡的时候，我们八个没有一个想睡觉的。在黑漆漆的房间里我们八个一直聊到凌晨两点多，聊了许多属于自己的秘密，这可全是发自肺腑的。

这四天的军训生活我收获了快乐，也收获了友谊。我开始希望过这种有规律有纪律的日子了。我希望即使回到家里没有人严格地管我，我也能够严格地要求自己。

只剩最后一天了，加油，我可以的！

2007.9.1　　星期六 晴

今天早上依然进行晨练，我们在为今天上午的比赛做最后的准备。每个人（包括教官、老师）都提起了百倍的精神做最后的冲刺。然而上午的成绩并不尽如人意，才得了第二名。班主任老师安慰说我们得的奖状最多。

上午10点来钟，我们陆续上了车。在车上有说有笑，十分快乐。最多的话题就是回家之后要吃好吃的，而我对同学说我妈一定会给我做"香菇炖鸡"这道菜。哈哈，回家之后，我妈确实炖了一大锅。你看我多么了解我妈妈！因为，那是我最喜欢吃的菜。回家之后，吃了妈妈给我做的好吃的，又和爸妈聊军营生活那些有趣的事。爸妈听了我和同学处得那么好也很开心。因为明天一大早就要坐车回学校，所以没有熬夜。

相信等回到学校跟全班人都混熟了，我的生活将更加精彩。

一个多么热爱生命的孩子啊！

今天来读这些文字，让我们悲恸不已。

2014年10月6日早晨7点04分，去泰国登机前，兰肃发给她的好友郭郭的微信："亲们，我已经过了安检，还有半小时就要登机啦。此次的行程很充实，要在外漂泊十多天呢。大家都要克制一下对我的思念，安心等我回来。勿念！我会一路平安的。拜。"

我不信神灵，但我相信冥冥之中有安排。这封信分明是兰肃跟我们全班同学的最后告别书，她知道我们会思念她，一声"亲们，我会一路平安的"多少抚慰了我们悲痛的心！

让我再跟孩子说最后一句话吧：

兰肃，我知道你不舍得离开我们，不舍得离开你挚爱的家人和未来的生活，但老天爷是这么安排的，一路走好吧，我的孩子！

天堂里没有苦难，愿你在天堂安息！

听君君讲故事

我来了

2007年8月26这天我来了。刚走出初中校园的我们，脸上多少带着麻木、叛逆或者不知所措的神情，许多"小伙伴"身边还跟了一个不厌其烦唠叨着的家长。办理入学手续后，不规则地打散在操场的各个角落。很少见到谁与谁聊天，多数都是带着无所谓的神情，站着，蹲着，亦或低头摆弄手机。

我的眼神像扫描二维码似的扫描着每个人的脸，这就是将在一起相处三年的同学？我不知道这三年将会与他们碰撞出什么样的故事，也不知道他们之间的谁与谁会成为无话不说的朋友，谁与谁会成为面红耳赤的冤家。这像白纸一样，等待着我们去书写的未来，应该是神秘的，惶恐的，令人向往的，而我却没有看到每个人的眼睛里应有的期待。

"第一志愿你想填哪儿？"回想中考结束后，爷爷拿着厚厚一摞招生简章小心翼翼问着。

"随便"，我漫不经心地答着。

"其实25中分数不高，也是个不错的高中，你的分数也差不多。"

"不去！我学不过他们。宁做鸡头不做凤尾，职业学校吧。"

爷爷攥了攥手里的简章，过了半晌："就这么不想要好儿？那你怎么就不能使使劲当个凤头？"

"上个高中出来就是凤了？况且职业学校出来的也不一定就是鸡！"我提高了分贝。

"去电子学校吧。天天趴在电脑上，对电脑有兴趣就去学个计算机吧。" 爷爷手里的简章攥得更紧了。

电子？脑海中浮现出了面试时招生老师那一脸的微笑，"孩子，以你的分数报三·二连读吧，三年中专，两年大专，没有考试压力。"

"行，就这么定了。"

……

"集合啦——" "07级1班的同学们，咱们集合啦——"

一个温暖的声音唤回了我早已不知飞到哪儿去的思绪。循着声音望过去，走来一位穿着鲜艳衣服，浑身上下散发着阳光与朝气的中年女士，眼睛里发着光地看着我们朝她聚拢靠近。每个人心里都知道，这位就是我们的班主任了。

我始终相信"相由心生"这句话，我不知道该如何形容看到这位老师的感觉，最直观的就是温暖、踏实和安全感，甚至有点"不像个老师"，像是谁家孩子的家长。

就这样，31个学生，一个老师，聚在一起了。

07级1班，成立了！

进"家"门

告别了军训生活,大伙儿终于走进了这个叫做07.1班的教室——青岛电子学校111室。这将是我们未来三年共同生活的"家"。

我喜欢"一班",不光是因为"一"代表第一,更因为一个电视剧《终极一班》——一个个性独特,充满情谊的班集体。如果将来有谁想把我们班拍成电视剧,其精彩程度绝不亚于《终极一班》,07级1班才是我们31个人的"终极一班"。3年的故事,那得多少集啊?

进教室之前,我们像幼儿园小苗苗班的孩子似的,在张老师指挥下,按照高矮个儿排好了两路纵队,一对一对的走进了教室的座位坐好(后来才知道,当时别的班级为了防止早恋、上课说话等原因,多实行一人一桌制)。而我们的同桌,我们身边的这个人,至今仍对我们产生着深刻的影响,留下了美好的记忆。

老张没有用第一节课时间,讲述开学的清规戒律,也没有新官上任三把火,让我们看看她杰出的管理能力,以便让同学们不敢冒犯,而是微笑着慢慢地迈进教室,将招牌式的笑容,洒向教室的每个角落,然后安静地介绍着自己,讲述自己的经历。我现在仍然记得,她是这样介绍自己的名字:"我从小就很有自己的主见,高中的时候不喜欢父母给我起的名字,认为原名字太温柔,而我,是一个有理想的人,我不甘心在一个狭小的空间里,我要飞,飞到一个更大的天空中去。所以,我自己改名叫做张翼。翼,就是翅膀的意思……"

在座的每一位同学都听得入了神，不知不觉，铃声已经响起，而老张的最后一句话，伴随着铃声而结束。意犹未尽的我们，从此爱上了语文课，爱上了老师所讲的自己家乡那令人渴望的庄稼地，也深深的对这位不像老师的老师充满了好奇和尊敬。

不知道为什么，我们每个人心里，都有一种奇怪的感觉，对刚刚开始的职高生活有些莫名的向往。可能，是因为老张吧，感觉她跟别人不一样。

我们期待着，这三年，会有些什么？

老张，你被我的外表欺骗了

如果，当年有人问，你"三·二"连读职业学校的五年想怎么度过，我会毫不犹豫的回答"混过，玩过，得过且过"。毕竟三年的初中生活已经培养了我的恶习：抽烟，打架，课堂里随意进出，以及玩世不恭，不学无术。想象中的职高生活，更是天高任我游，甚至想好了，把天捅出窟窿来，该打电话找哪个哥摆平。然而，一切都在默默改变着。

"某君，小男孩心思细腻，人也很老实，担任我们班的生活委员。"老张宣布了对我的任命及任命理由。放到现在，我会想到《甄嬛传》中的情节"捅天张氏，生性温婉端庄，贤良淑德，特此封为贵人。钦此！"

"人很老实？"天知道，我真想一口水喷出去。老张，你被我的外表欺骗了！

"班委"是我小学时恨得牙根痒痒的人，一听到那句"我告老师去"

就想上去毫不留情的给他一套千年杀。"班委"是我初中时候谋取私利的神器，靠这摆平了所有的班规，在作业、纪律、出勤率上一马平川。此刻，我心里打着鼓，我可是有捅天大计的啊！我这要当了班委，不就被拴住了么？不就要写作业了吗？！不就不能迟到了吗？！上课怎么睡觉啊？好歹我还存着那份男人的责任心呐！

老张又开口了："你们是咱们班的第一批班委。我们班的班委不是官儿，是为大家服务，是干活儿的！我不会让你们闲着，你们得帮我一块管理这个班。咱这个班不能来混日子，我不想让我的学生，考学失败了，来职校浑浑噩噩地度过。咱得做点什么，得让大家忙活起来，活得有点儿意思。"说这话的时候，认真和诚恳赤裸裸地摊在她的脸上，渗透到这个小班委会的每个角落。

当时的班长就是从军训到毕业做了三年班长的班长，团支书喜洋洋，还有学习委员神马，宣传委员兔子，卫生委员佳佳，体育委员丸子。我和他们一样，又一次不知道为什么，心里莫名其妙多了一股劲儿。

我的"捅天大计"这就被摧毁了？

火了，红了，亮炸天！

因为是新生，又是一班，毫无悬念，开学第一周的升旗任务落在了我们肩上。而更重大的任务，同一天是教师节，我们要承担感恩仪式。全校老师的眼睛都在期待着，看看新一届学生是个什么样的精神面貌。

老张站在操场上开始点兵派将：喜洋洋，团支书，入校时全校成绩第一，担任主持人；高大帅气英姿飒爽的班长站在队伍的前方扛旗；我，踩狗屎运的被选上去国旗下演讲。

因为，刚刚结束军训，队伍很像那么回事儿。加上气势高炸天的满面坚毅的班长领队，喜洋洋对流程的熟练掌控，升旗手、护旗手的默契配合，效果相当不错！又因为是教师节，演讲时背后站了满满三排学生会的学哥学姐举着牌子助威加势，07.1班入校第一周升旗仪式亮炸天。火了！红了！

训练时，负责训练升旗方队的礼仪部学长的那句"新生很牛！"，团委老师那句"你们班真不错"；升旗仪式后，学生会各部的部长，都玩笑式的预定我们为未来的"自己人"，都让我们嘴上不说，心里有了满满的自豪感。

如果，当时您在场，见到每一只拼命夹紧裤缝的手；每一条拼命与身旁踢到一样齐的腿；每一个笔直站着，一动不动的身影，怎会不感动呢？这样的一帮学生，会给这所学校创造出怎样的故事呢？

高一那年跟刚毕业的初中同学打电话侃天，非常的不人道。

"不行了，我得睡了，明天一早第一节语文课，一堆东西没背呢。"

"我明天第一节课也是语文，再唠会儿再睡。"我嘚瑟的回道。

"你不欠能死吗？你们都不用背东西吗？"

"上课聊天！这个得全靠现场发挥！我的强项！"

于是，我们班上课聊大天的话题，在我初中同学群里"亮炸天"。

我没有说错，我们的语文课，当时就一个字"说"。全班31个小伙伴轮着上台说，想说啥说啥，可以是自己看到的一篇好文章，也可以是刚发生的重大时事，甚至，是自己的生活琐事，我们称之为"每日一说"。上台的同学说完后，同学们参与这个话题的讨论，谁想说就站起来说，甚至，憋不住了坐着说也可以，没有死板的规矩。自从有了"每日一说"，大伙儿回家之后都得瞟两眼新闻，不然明儿上课，还真不知道唠啥哩！

除了善说，我们班还善写。每周我们班都有一节"美文赏读"课，读我们自己写的文字。为啥不叫文章呢？因为，很多作品，根本就不能算文章，爱写啥写啥，爱怎么写怎么写，像子键、喜洋洋等干脆来个小说连载，一周写上一段，到了周五，老张就摊了一讲桌子的本子，站在上面挨片儿读，我们就坐在下面挨片儿地听。听累了的就趴着听，一个故事接着一个故事，悠哉悠哉！但是，大伙儿都期待能读到自己写的，而文章自然也都用心去写。于是，07.1班很快就涌现了一批"写手"，像咱沛姐（郭郭）的小说，发在网站上，直接收到了签约邀请函；婷嫚儿最后直接出专辑了！

有人该问了："你们不讲课文吗？""讲！怎么不讲！""怎么讲的？""有篇课文讲荔枝，老张就带了一袋子荔枝，一人俩，一边吃着一边讲；讲到楚汉，大伙儿就把桌子拉开演戏，场景重现；讲到秋，大伙儿都兴奋了，就约个周六一起去爬山看枫叶去啦！"

又有人该问了："那你们班的语文成绩好吗？"谢谢你又给了我嘚瑟的机会："一直第一名，从未被超越。"

已忘记在何时，老张课上，让每位同学回家多练习专业课知识的时候，某同学不经意的一句"家里没电脑"，让老张的这节班会课，抱进来了31封给家长的信。信发到了每一个人的手中，内容是让每个家长给同学配一台电脑，并且最好能上网。这个举动真是亮炸天，有多少班主任，只保证学生在学校里的表现，谁会考虑到学生的成长环境，甚至付出努力去改变它？何况还是让家长给孩子买电脑上网，对我们这些网游成性的孩子，这一举动，老张要承受多大的压力？我们不得而知。但家长迫于老张的压力，还是给我们上了网络，奇怪的是，这事很平稳，没听到谁家因为上网而有什么问题。

比起不断考学的同龄人，我们在学校学完专业技能知识，就要步入社会开始工作了。而过早踏入社会，我们需要的不单是专业技能、技术，更重要的是如何与团队合作相处，如何为人处世、做事，学会责任与担当。

在众人眼里"学生会"一词，褒贬不一，而在我的眼里，这是一个比课堂更珍贵的地方。

在入学之前，我们并不了解自己所学的专业。没有主见，没有想法的我们匆匆忙忙报考了众多职业学校中的一所。上了专业课后，许多同学兴奋得两眼放光，因为，这是他们所喜欢的内容，是他们未来准备从事的工作。而对于我，却在脑袋顶上狠狠敲了一棒。我后悔自己匆忙选择的这个专业，面对编程、代码，我坚定地认为，这根本不是我的"菜"。而学校已经开学了一段时间，没有转学的可能，只有坚持下去。而坚持下去面对自己根本不感兴趣的专业，该怎么办呢？我决定，要做自己感兴趣的事，找到存在的价值。

后来，学校的学生会、社团展开了纳新动员。老张是一个开放的班主任，鼓励学生们走出去。于是，学校的各个社团纷纷被07级1班的大军攻占了，班里的班委都成为了学生会各部门的新一批干事。相对于枯燥的课程，学生社团简直就是我的救命稻草。我加入了学生会和另两个社团——话剧社、文学社。

而学校当时的广播站不纳新生，由学校领导指定专人负责。本届广播站的成员，选择了我们班军训时表现非常突出的佳佳。广播站在我的思维里一直是非常神圣的，因为，播音主持是我在步入高中之前的爱好，也算是特长。于是，我厚着脸皮自己敲开了学校领导办公室的门，毛遂自荐加入广播站。当时的我并不知道是否会成功，认认真真地写了一张申请，交了上去。结果很愉快，学校答应了我的申请，让我加入了广播站。而学校的这个决定，改变了我今后的道路，甚至成就了我目前的工作与成绩。

就这样，班里的许多同学都动起来，加入了学生会、广播站或是爱好的社团。而我非常清楚地明白，我要在这里混出一片天，为自己踏入社会磨刀。谁说只有书本知识才是知识呢？当然，后来在学生会任职的过程中经历了很多事情，跟老张也有一些"交锋"，此是后话，暂且不表。

从刚入校到现在，大家已经逐渐从陌生变得熟悉起来，甚至，变成了可以改变环境的创造者了。每个人或是在班里，或是在学校，都找到自己的位置了。

不知从何时起，学校艺术节比赛，红纸黑字的获奖名单贴在校门口，"07.1"这个符号就没停止过，而且总是名列前茅。中午，走进社团、学生会、广播站的教室，站在上面给大家开会讲事情的，一大半都是07级1班的人。各个办公室老师找学生干活的时候，无论是教务处、机房、团委还是学生处，嘴里说的都是"去把07级1班的某某叫过来"。

我们一起努力拿下了青岛市优秀班集体，影视后期制作全国技能大赛一等奖，省赛三个一等奖都出自我们班，全国文明风采大赛征文比赛二等奖，语文基本功比赛山东省一等奖，青岛市辩论赛冠军。

学校学生会的组织换届后，学生会主席、副主席、5个部长是我们班的，电台台长、广播站站长是我们班的，学校仅有的两个社团的社长，也尽是出自我们班。

不喜欢在学生会任职的同学，也一样有属于自己的位置。有的专注于专业课；有的组建篮球帮，一下课就争分夺秒去操场打篮球；有的安安静静阅读着我们书橱里的书。

这一切的一切，让我们骄傲、自豪。因为，我们是07级1班，我们各个都是好样的。

这"孩子"我们管不了了！

看到这个题目您一定在想，这是在说哪个学生？您想错了，这"孩子"不是别人，就是我们老张，我们的老师！

这不，老张的童心又起来啦。周六我们约好了一起去爬山，秋游。大伙儿约好了一大早在台东车站集合。这时，您要是在那儿会看到一个穿着大红色面包服，大包小包异常活跃的中年妇女。看到同学们一个接一个地到来，兴奋地打着招呼。"嘿！小猪，你来啦？""呀！你这衣服挺好看啊！显年轻啊！"上车以后，跟大家伙儿聊着吃着包里带的各种零嘴儿，哈哈大笑着。谁信这位是个班主任老师啊？

到了马山，正常人咱都走平坦的修好的大道儿，这位可不，您瞧，跑在前面喊上了："走土路！这儿陡，走这儿！走大路多没劲啊！"几十个年轻人目瞪口呆地看着前面这位上蹿下跳的班主任，笨手笨脚地在后面跟着。我和班长负责一人背着老张的一个背包，她则轻装上阵，自由发挥，不亦乐乎。

一路上披荆斩棘，总算爬到了半山腰。兴奋的午餐时间到了，气喘吁吁的我们一屁股坐在地下，等着老张了。老张开始了，打开她的百宝箱，变戏法似的拿出各种吃的，又将便携式煤气灶打开点上火，小锅一放，给大伙儿煮咖啡喝。

我想看到此处，您一定笑得合不拢嘴了，心想，还有这么不靠谱的老师啊？我不得不说，这您就觉得不靠谱了？不靠谱的还在后面呢！

在某一天，自习课上，老张答应了要带我们集体出去找个羽毛球馆，打比赛。大伙儿当时都心想，忽悠呢吧？！可是，只有您想不到的，没有她做不到的。这不，后来，又带着我们集体出去打羽毛球了。就是这样的一个"孩子王"，实现了我们一个又一个的愿望，完成了一个又一个的不可能。

这"孩子"，我们管不了啦！永远想法多多！

三人行

"三人行，必有我师"。在青岛电子学校111教室里，其中有三个人，磕磕绊绊了三年，创造了许多故事。而他们的感情，却不止三年。

老张是"当家的"，另外两个人是这个班的两只"领头羊"：一只是强大无比的班长，另一只是我这个半拉子团支书。而老张，我把她看成了"牧羊人"。这个牧羊人，并不怎么挥鞭子，只有"羊"走歪了的时候，会张大嗓门喊两声，还美其名曰"撒着养！"

先说，我身边的另一只"头羊"，他跟我不一样，他大高个儿。在他站着的时候，如果你留心观察，会发现他两只脚从来没站稳过。左脚抬起右脚落下，右脚落下左脚又抬起，就这么不断的左右摇摆，加上个儿高，常晃得我眼晕。我也从不给他留面子，嫌弃地扔上一句"上一边子去！"。正如你想象的，他看我不顺眼，我也从一开始就看他很不顺眼，甚至一直到现在也不怎么顺眼。

这种暗较劲存在于每个角落。第一次，知道他对我看不顺眼，那时我还不是"领头羊",只是一个生活委员。不知道人高权重的一班之长,为何对一个小小的芝麻官生活委员怀有敌意?在班里的QQ聊天群里,我和一帮同学聊得热火朝天,却发现他对我不冷不热,根本不爱搭理我。上课时,语文并不是强项的他,竟与我比看谁的课文背得更快。他还跟我说:"你怎么会当生活委员?我不想干班长,我想干的是生活委员。"然后就冲我说"我鄙视你""我鄙视你"旁若无人的一顿吵吵,周围的人连连摇头。

而真正的较劲,是在高二时,老张确立了"头羊管理制"以后。最开始,两个"头羊"的职位是老张任命的。过了一段时间,老张让同学们投票,重新选择,结果还是我们俩。这也意味着,较劲真正开始了。

我俩为什么能较起劲来?因为,我俩性格差异大,做事思维方式完全不同。他是和事佬型,同学午休说话,早退,他会双手合十,微微鞠躬,求爷爷告奶奶地:"你别走啊,你别说话了,好不好啊?"因为性格绵软,受了不少委屈。有时候按下这个起来那个,可是他有超强的韧性,整整三年,都一如既往。真的像一只头羊,护着同学们。有这么一只"头羊",大伙儿都过得很舒心,当然也包括我。正是因为这种和气,这种隐忍包容,使他全票通过,连任了班长。而我是"拆迁队"型的,中午在广播站呆着,听说班里已经闹成一锅粥了,回班一推门进来,喊一嗓:"睡觉!该坐哪儿的坐回哪儿去。"紧接着同学们看"拆迁队"的来了,五个一群三个一伙儿的也散了,回了自己座位上,班里瞬间安静了下来。虽然说,选班委投票时,我也连任了,但是,和班长比起来,票数差不少。在同学们的支持率上,他是战胜我的。他心里不知嘚瑟成什么样呢!

当然,我有我的强项,我的强项是组织策划和语言。我会熬夜制定班里的量化管理制度,写班里的活动计划。当我抱着我的"成果"去和班长讨论时,见到他面无表情的脸,加上他说着"你看着办""没什么意见啊""都行"的时候,心里小火苗就压制不住地燃烧。于是,自己闷着头干，而他也不拆我的台。反而，遇到了我和同学之间出现了什么问题的时候，他还会默默地走过来，帮我安抚着。我组织联谊会的时候，虽然他处处表现出了对我的"不顺眼"，却能成为我策划活动的"台柱子"。

我们的较劲并不是《甄嬛传》里的尔虞我诈，没有暗地的勾心斗角，只有正面的互相不服输。一刚一柔两种管理方式碰撞着，却也时有你唱红脸我唱黑脸的默契。他有他的强项，技能大赛、拔河比赛、篮球赛他是当仁不让的领头羊，是我们的精神领袖；我有我的优势，朗诵比赛、辩论赛，话剧、小品比赛，市冠军、省冠军一路凯歌高奏。在学校他是纪检部部长，掌控着学校规章制度的实施，天天早晨站在大门口，一夫当关万夫莫开；我忙活着电台、社团，搞着各式各样的比赛活动。

平时各忙各的，互不干涉内政，需要的时候搭把手也无需感谢。一旦班级有重大的活动，如竞选班委、踏春秋游或者升国旗、运动会、艺术节、家访等，我俩就不约而同地走在一起，运筹帷幄之中，决胜千里之外。配合之默契，无不令人惊叹。

当然，这样的俩"头羊"，没个牧羊人赶着可不行。我们俩之所以能在竞争中合作，在合作中成长，得益于老张的调合。她就知道我俩合作没问题，所以，她先指定我俩，当两个小"头羊"已经上道了，各自有了自己的"羊群"的时候，她又搞民意选举，那还不是板上钉钉的事？况且，她知道我俩虽然性格、爱好各不相同，但都是好强之人，责任心一个比一个强，所以，她把我俩选出来后，就优哉游哉做甩手掌柜了。至于我俩之间是团结一致还是逗能斗气，折腾去吧，她才不管呢！

我们的关系牢不可破，即使八级地震也动摇不了我们的战斗友谊。这三人之行，各得其所，互相支撑。在信任中合作，在尊重中竞争，使得07级1班的各项工作张弛有度，所向披靡。

经过岁月的历练，如今这"铁三角"已超越了年龄、性别和角色的局限，成为我们07.1班特别的标志。我们准备继续努力，把07级1班的精神传给后人，让我们的孩子，让每一个关心职业教育的人，都知道中国的职业教育也有春天，只要你拥有一颗火热的心，人生在哪儿都很美好。

我们在一起

"那时候天总是很蓝，日子总过得太慢。你总说毕业遥遥无期，转眼就各奔东西"。写这篇文章之前，单曲循环着这首《同桌的你》。与其说"你"不如说"你们"，因为同桌，不止一个。

"原配"是小鱼，因为身高匹配成为了同桌。

"同位，同位，别睡了！"嗜睡的我，上课老师叫不管用，只有她叫才好使。

"同位，同位，你要去食堂吗？"看到她双手握拳放在下巴处卖萌时，就知道了：买吃的时候别忘了给她带一点！

"快乐"是我俩同位时最好的诠释词。密集的笑点、相声般的包袱，每天不间断地在我们俩身上发生着。

"同位，你看我的眼里有什么？"

"眼屎！"

"不对，还有什么？"

"还有，我——"

"对了，挤死你！"说完，狠狠地闭上眼，作出挤死我的样子，另一个还作被挤死后的疼痛状。

"同位，现在讲到多少页？"

111

"32页。"

"为什么没这道题啊？"

"我们是物理书32页，你打开的是数学书。"

后来，这两个奇葩，互相传染着彼此的负能量：上课一起睡觉，上学一起迟到，终于，被老张拆开了。拆开之前的那晚，俩人互通着QQ，说好明天宁死不从。第二天的时候，老张提出让我们分开，我大喊一声："不！"老张一瞪眼，身边的小鱼拖着桌子"跐溜~"一下就跑了，这个叛徒！直到现在，见面还互相贱贱的叫着"同位~ 同位~"。

带着悲痛离开了小鱼后，我有了新同位——郭郭。

一直以来，我是一个专一的人。特别是被老张强行把我和小鱼拆开后，逆反情绪大增，开始找郭郭麻烦！于是，你会看到上着课，书和本子在我俩之间横飞。直到有一天，我被她一拍桌子，用手指着我鼻子说："你有病啊！"成功镇压。后来，渐渐发现郭郭的率真，她跟小鱼一样，在一起说话聊天时不用考虑太多，都是直脾气，没心眼。嘻嘻哈哈，一聊就是一整天。她喜欢写小说，发表在网络上。人家也欣赏她优秀的文笔，还发出了签约邀请。她虽然外表大大咧咧，但是，一个喜欢写小说的人，心思怎么可能不细腻呢？

第三个同位是丸子，他除了头型像小丸子，其余都不像。丸子在众人的印象中大大咧咧，不拘小节。喜欢酝酿好久打出一个嗝儿，然后还凑到你眼前张大嘴巴让你闻闻。而他的上一个同桌是六六。六六是男生里最文静的一个了，之所以把他们换开是因为据说六六已经快被丸子折磨得精神分裂了。

因为有和丸子一位的这个机会，了解了别人眼中看不到的他。我们下课会拿出手机，交换彼此喜欢的英文歌；他知道我忘带钱的时候，会干脆利落的打开钱包把钱放在我的手上；又会吊儿郎当地跟我说："哎~ 今天体育课考试昂，别不去。"外表痞里痞气的他，只是不想把好的一面，刻意显摆出来让你看到而已。不矫情，偶尔让你嫌弃他一下，他"享受"这种"讨厌人"的小亲密。

这就是他的风格。

最后一个同位，是一直不知该如何下笔的兰肃。

她是生活在山村的姑娘，笑起来的声音可以让所有人的眼睛都投放在她的身上。我和很多男生都爱跟她斗嘴，打闹，她从不怯场，会跟我们约好放学后在教室里决斗，然后，拿起扫帚把男生们追得满教室跑。她留着干净利索的短发，有笑起来白白的牙齿。她帮我背黑锅，上课我们闹的时候，老师总说："兰肃，你别说话了！"然后她脸会瞬间通红，低下头，斜着眼瞪着在旁边坏笑的我。她很朴素，有很多的梦想。她期待赶快毕业，去社会上闯荡，成为一个成功的女性。

她喜欢玩，所以她很快乐。可能就连老天都嫉妒她的笑声和快乐了吧，把她带走了。是在她旅游的时候，玩得很开心的时候带她走的。走之前，叮嘱大家，不要太想她。

我们约好，写完这本书的时候，全班一起去看她。把这本书带给她，告诉她："我们很想你"。

一直到现在，回想起高中，印象最深的人之中，一定有这几个同位。当然要感谢老张，因为当时只有我们很少的班有同位。

有人说"在人的一生中，会遇到许多人，多数的人只会陪你一个阶段，很少有人会陪你走到最后。"

已经毕业三年了，偶尔和其他班级的同学聊起来，他们纷纷表示，毕业后，和自己班里的同学基本已经没有什么联系了。有时候想联系却也不知道怎么开口，不知道有什么话题。听到这里，突然有一种很欣慰的感觉，因为毕业那么久了，当年在青岛电子学校111教室的我们，还依然在一起。

我们可以没有什么理由的打一通电话，聚起来许多的同学，一起出来吃饭，疯狂。很少有人会推三阻四，就算第二天还上班，也会舍命陪君子，喝个大红脸，勾肩搭背地去 K 歌。我们把工作里遇到不开心的事情和同学说。也有的会毫无顾忌地走到老同学家，不打招呼地敲响他家的门。在同学出事后，我们会一起默契地失眠，大家一起在群里聊个通宵，互相陪伴。

同学聚会时，电话里通常听到的都是："去！必须去，请假也得去！"其他班的同学总想蹭进我们班组织的局里，然后说："我要是在你们班多好！"

我想，这一切都是因为在高中这个好的班级吧。毕业后，我们还在说那些年的事，说我们的辉煌，说我们的恶作剧，说我们的春游、秋游，说给同学庆祝生日，弹琴的喜洋洋抱着吉他给女生送上一曲，说我们的语文课、英语课、上机课……永远说不够。虽说和许多班级一样，我们同样是三年，但是，我们在一起的回忆和情感，却要厚重得多，因为我们有故事。

第一个三年，我们在一起；第二个三年我们在一起。我们每个人的心里都相信，再过多少个三年，我们依然在一起。

听小鱼讲故事

我的青春期

  百度百科里说，青春期是指由儿童逐渐发育成为成年人的过渡时期。不仅仅是生理的，也是心理成熟的过渡期。

  这个年纪不得不提的便是早恋。

  当张老师发现我跟他早恋的时候，找我谈话。去的时候，我心里害怕极了，老师是不是要严厉批评我了？是不是会告诉家长？那免不了一顿胖揍呢……其实并没有，老师明确地告诉我，她并不强求，只是提醒我，一定要自己把握好尺度！

  没有了提心吊胆，我们可以正常的在一起交往。那是我青春萌动期第一次跟一个男孩走得那么近。每天开始期待去学校，不再喜欢放假；遇到问题，可以多一个人帮我解决；犹豫不决时，可以多一个建议。从国家大事到班里的小八卦，我们可以毫无顾忌地讨论。我们并没有因为谈恋爱而影响学习。包括起初我要报名参加比赛的时候，也是他给予了我极大的鼓励。那时候，我却因为他一个人而冷落了我的朋友们。好在我的朋友们都很大度！

谁没青春过呢，谁青春期的时候，没对哪个异性心动过？不同的是，有的家长老师给予正确的引导，有些家长老师是直接进行所谓的"扼杀"。咱也模仿一下文绉绉地说法，你约束得了我的言行，却无法约束我的心，最终可能适得其反。

不要先说自己不行

每次回想起那年的国赛，我都觉得大概是把我这辈子的人品都用上了！

高中最后一年，我们07级1班，在学校里那是相当牛气，这个是主席，那个是部长，还有什么省级、市级技能比赛冠军。我虽不怎么爱当官，但是，成天几年如一日的过着也是挺难受的。就在这时，班主任张老师说，明年有个"中职组全国技能大赛"，会选拔2名优秀学生，代表青岛市参加全国大赛。我想，拿不拿奖的，去看看吧，学点东西总没坏处吧？

报名后，几乎每天放学后都要去机房多上两个小时的课。听辅导大赛的刘老师说，初步选出来的就可以停课辅导了。想到"停课"，似乎挺吸引人的！只要通知有课我就去，那阵一下子勤快了。没想到最后我还真被选中了。

第一轮选了7个同学，其中三个是我们07.1班的！我们七个被选中的孩子就真的"停课"了！所谓的"停课"，其实就是不在原来班里上课了，学校专门给我们腾了个教室，我们每天去那里培训学习与比赛相关的知识技能。

我本来就特别爱学专业课，这下我可开心了。

学得差不多了，市里比赛的日子也到了。参赛名额有限，又在我们7个预备选手里选了4个人。我们07.1班的三个都再次被选中。哈哈！哈哈哈！

比赛结果很快公布，电子学校的四个选手都是一等奖！第一名是黑客，第二名是别的学校的，第三名是胖子，第四名才是我。所有人都觉得，代表青岛市参加国赛的肯定是第一名和第二名吧，连我自己也是这么想的。没想到学校会让我们前四名再进行一次角逐。

这一比才看到，人家别的学校的那位第二名，很牛啊！听说找了专家一对一培训呢。市赛的出题老师各种夸啊！简直是"神一样的存在"啊！说四选二实际就是三选一。

没想到，最后刘老师会在我们三个里选我去参加比赛。当刘老师作出这个决定的时候，市里派来的辅导老师立刻反对。她很明确地告诉刘老师，说我不行，谁都比我行。刘老师只是说她不了解这几个学生。校领导没说啥，就让刘老师做决定。最终就由我和"神一样的存在"，代表青岛市去参加了全国大赛。

那年，全国大赛突然换成我们不熟悉的 Avid media computer，别说用了，我见都没见过。学校立刻花钱购买正版软件，学校还送我和刘老师去北京学习了两次，每次都是一周多。听着很爽对不对？可是那汹涌而来的压力，不是我这文学水平能表达的！

后来，为了能全身心投入，我住校了。早上七点起床，洗漱完了，带着早饭就去我的小黑屋了。晚上学校宿舍是9点熄灯，可是，我10点才回宿舍，夜夜摸黑而行。后期学校也给我重金聘请专家一对一培训。

不累是不可能的，关键是压力大到快要撑不住了，主任和校长亲自过来安抚我，帮我卸包袱，减压力，给我打气加油。

经过 7 个月的针对性培训，终于，迎来了国赛。那一年青岛市在影视后期项目获得一个一等奖一个二等奖，而我就是那个一等奖。这可是，咱青岛市中职生第一个影视后期方面的全国一等奖。

这次，我能取得这么好的成绩，要感谢学校和老师，每项决定，都能得到学校的全力支持配合，是学校给我机会，让我能走到全国比赛的平台上展现自我。也感谢那些曾经看轻我的人，正是他们的看轻，让我每次快要坚持不住的时候又咬紧牙关，坚持到最后。

这次比赛，也让我的人生态度有了巨大转变。

我最大的体会就是：遇到任何事情，不要先说自己不行。

我们八个

电子学校，是理工科性质的职业学校，罕见女生。我们班属于计算机应用专业，在当时有八个女生，已经很幸运了，而且都很乖，张老师自豪地夸她有 8 个"贴心小棉袄"。

第一次亲密接触就是在军训的时候。我们八个女生，刚好一个宿舍，我们按照生日排了顺序，老大是凤儿，老二神马，老三兰肃，老四是我，老五是兔子，老六佳佳，老七王大拿，老八郭郭。

老大凤儿，长发飘飘，心思细腻；老二神马，绝对的淑女，小家碧玉，那就是形容她的；老三兰肃，朴素坚强，做事很执着；老四，我就不自夸啦；老五，兔子，交际能力强，人气高；老六佳佳，娇小玲珑，尊敬师长；老七王大拿，热心，真诚，有责任心；老八郭郭看上去大大咧咧，但其实很细心，心地善良，乐于助人，还是个大才女。

军训时候，记得佳佳不知因为什么被丸子给气哭了，我们很团结的，全体出动，替她出了气。

军训结束后就开学了。

我们不可能八个女生都腻在一起，一定是会分成小帮小派的。王大拿、神马和兔子三人是一组，头衔分别是文艺部副部长、秘书部部长、宣传部部长，都是大官！基本都是在忙学生会的事。一开始我和郭郭还有凤儿是一小帮，后来又变成我和郭郭还有兰肃是一小派。我和郭郭几乎绑定，上厕所，吃午饭，回家，都一起。

因为性格和机遇，并不是所有人都能成为好朋友，做无话不谈的闺蜜，只要生命中有一两个，可以在你哭的时候跟着哭，你笑的时候跟着笑，不论做了什么都不会恨你的朋友足矣。

我谈恋爱那阵有点疏远朋友。"重色轻友！"郭郭总是抱怨着，但一有好事坏事第一个想到的还是我。凤儿是文学社社长，整日忙着文学社的事情，几乎没什么时间跟我们瞎混。佳佳更是忙碌，一会儿学生会，一会儿广播站，能者多劳，我们也只能尽量不去打扰。

对于兰肃的了解都是通过郭郭。郭郭说她朴素，待人友好，说话很直白。她说话太直我是知道的，她的优点只有深入了解才能发现。郭郭曾经去过兰肃家，还在她家留宿一晚。兰肃热情款待，泡了最好的崂山绿茶，还做了鲍鱼汤给郭郭喝。郭郭说，真的很想再跟她去一次她家……

当同位告诉我兰肃出事的消息，我真的没有办法相信。我永远忘不了电话里郭郭"哇！"的一声哭了起来，很久很久……

我们再也看不到兰花花那纯真的笑脸，一笑露出的虎牙。但我们会永远记住她的可爱、她的质朴和对我们的好。

有多少人失去了，才开始思念。所以请在失去前珍惜。

生活是活的,学生是活的,老师是活的,开放课堂,引进活的教育,这样上课,大家都喜欢。

卷三
这样上课,大家都喜欢

"每日一说"

07.1班的课堂是开放的,每个成员都有上台讲话的权利和机会。111教室的三尺讲台,绝不是教师专属"领地",它是我们每一个孩子展示才能的舞台,也是班级活动的主阵地。孩子们喜欢的"每日一说"我们一直举行了两年,甚至在语文课结业后的第三年也没停止。

所谓"每日一说",就是每天由一名同学上台"说话",话题广泛,形式多样,时间一般控制在5-10分钟,有时也会说一节课,甚至两节课。

"每日一说"的话题,按表达难度由易到难逐层展开。第一学年自我介绍,从"打开梦想的盒子"到"成长的故事"让每个同学都打开了自己内心世界。我们分享,接纳,建立了亲密的信任关系。第二学年的"美文赏析"启用"小秘书",训练学生读、听、写的能力。最后一学期,我让他们关注新闻,每日的"社会热点小讲坛"意在增强学生的社会责任感,提高他们的社会卷入度。

这个活动是我们07.1班的保留项目,它生动活泼,简单易行,有无限的创意和发挥才能的空间。

给我印象最深的是婷嫚儿。婷嫚儿这家伙一肚子故事,他的"每日一说"说村上春树的小说《挪威的森林》和《寻羊记》。虽然这两本书是我从家拿来放到班里"湘苑"的,但我承认我不懂村上春树,是婷嫚儿读懂了村上春树,而我懂婷嫚儿,我能解读他的肢体语和心语。看出同学们听不懂,我就把婷嫚儿的话再加工,说给同学们听。

我虽然跟婷嫚儿交谈多次，也去过他家，但我承认我是通过婷嫚儿"说村上春树"那一刻突然懂了婷嫚儿的，同时也懂了婷嫚儿的长篇小说《被污染者手记》。

有时候，在我的语文课上，学生"口下留情"才能给我留出个十分八分钟时间讲课文。我真不知道该不该制止他们。看到学生们在台上激情澎湃的样子，总是不忍心打断。

说吧，说吧，大家爱听就说吧，反正都有好处。如果，大家更爱听同学们说话，那就把讲台让出来，有何妨？

从子健那儿，我们知道了什么是"次贷危机"以及全球经济大萧条的原因；从斌go那儿，我们开始关注国宝鼠首、兔首拍卖事件；从凤儿那里我才真正懂得"山寨手机"的"山寨"是什么意思。佳佳给我们讲了"躲猫猫"事件；神马讲了大学生就业难的问题。本来我们十到十五分钟的"每日一说"，说着说着就超时了。经常是好不容易临到自己，又被别人抢去了。

有一次轮到郭郭说了，她提前一周就准备好了内容。那天正赶上3月5日，已经说过了的斌go又想说，他急着要跟大家交流"雷锋"该不该学的问题。只见两人在嘀咕，不知是抢还是让。最后，斌go说："算了，让她上吧。那张报纸在她手里，捏了一个星期，都快捏碎了。"

随着同学们说话能力的提高，"每日一说"的话题内容也越来越丰富宽泛，比如小马哥说"三鹿奶粉"事件，本来限定五分钟，结果从奶粉说到食品，从食品说到家装，从所用物品说到生命质量，从"打假"说到国情。大家七嘴八舌，一路说来，不知不觉半个小时过去了。

有的时候，大家争论不休，需要我调停。如08年秋天刚开学，大家爱说奥运的事儿，有一个同学提起刘翔退赛，他持否定态度，惹恼了一部分"刘翔迷"，双方唇枪舌剑，情绪几乎失控，若不是在课堂上，怕要打起来了。

123

有的时候，他们想听听我的意见。于是，我们师生就一个话题或一个社会事件展开讨论。如某个礼拜一是"大哥"主持"每日一说"，那天，他迟到了。当他站上讲台的时候，按规矩，他应该首先告诉大家迟到的原因，可他只是红着脸站着，一句话也不说。大家就这么在"大哥"的尴尬中等待着。

僵持了一会儿，体育委员"猴子头"站起来解围："老师，我来说。'大哥'路上碰歹人了。他被同学挟持去打架，走不了。"

"这什么同学？再说了，他一个五大三粗的人，怎么能被挟持？"

看我有点生气，在静默了几秒钟后，班长站起来说："老师，'大哥'是很讲义气的，朋友遇上事了，他不可能不管。"

"友情是这样建立的吗？"面对我的质问，"猴子头"很诚恳地问了我一句："老师，那你要遇上这事，怎么办？"

于是，我就讲自己和朋友相处的故事。他们听得很认真，不时的还有提问，有讨论。于是，我们用了一节课的时间来探讨朋友相处之道。这节课说话的对象可不仅是"大哥"，差不多是全班人了。

现代教育理论中，讲的什么课堂生成性、课堂延展性、互动性等等新名词，我们没有提前学习，这些却生动又自然地呈现在我们课堂上。

别的不敢说，几年下来我们07级1班的学生，当众自我表达能力不成问题。07级1班的学生口才好，毕业后就业率高，有思想，有主见，这跟"每日一说"的训练不无关系。

"小秘书"

"每日一说"解放了孩子们的嘴，解决了同学们的"说话"问题。动笔写作还是个问题，倾听还是个问题，课堂纪律也是个问题，"小秘书"，成为解决这些问题的有效学习途径。

"小秘书"在我们班的诞生有个过程。起初，为了鼓励大家"每日一说"的热情，我让课代表每天都把同学们说的话题和我点评的内容择要记录下来，以备结束后评奖用。这就是"小秘书"的雏形。没想到，课代表在完成这个任务的过程中，锻炼了听的能力、筛选信息的能力和语言组织能力，这是个意外的收获。

后来，"每日一说"的活动里也允许"每日一读"，谁如果想让自己的话题更精彩，可以读一段美文做话题引子。而在美文赏析活动中，同学们只听不记，多数同学只是看热闹，当"听众"。那些好文章也就当时感动，过后就随风飘走了，很可惜。我想，若能把这些文章记录下来，积累起来，不都是很好的写作素材吗？何不一举多得，让班中的每一个同学，都像课代表那样来做"小秘书"？让每个同学，都能充分利用这难得的学习机会，锻炼他们说、听、记、写的综合语文实践能力，这不都是他们急需的和欠缺的吗？

于是，就有了我们班独树一帜的语文活动——"小秘书"。

一开始，班里总有部分同学"跟不上"，记不下来，甚至听不懂。我让他们别着急，先抓关键词，能记多少算多少。后来就让他们记下在什么时间，什么地方，什么人，干了什么事，结果怎样就行了。这样经过一段时间的练习，学生都能在几分钟之内完成记录工作。

再后来我又给他们增加难度，要求在记录完故事的基础上，加上自己的感想，甚至联想，写多写少不限。这样学生就完全放开了，有话则长，无话则短，原来最头疼的作文，现在瞬间完成。有些同学联系到自己的生活，有感而发，能在十分钟内写满几张纸。在我们班的语文课上，你总能看到这样感人的一幕：一个学生在讲台上认真地说着或读着，下边所有的同学都目不转睛地盯着，记着。教室里，安安静静，只有"唰唰唰"的写字声。课堂上再也找不到一个"神游"的孩子了，也没有偷懒不写作业的。

当然，老师也要辛苦一些，每天一摞的个性化"小秘书"作业，再累也得批出来，因为第二天还要写，并且要挑出好的来第二天讲评以激励"小秘书"的工作热情。

我们的"小秘书"所以能健康的成长得益于"营养全面"，"不挑食"。台上的同学读什么，"小秘书"就写什么，想到哪儿就算到哪儿，想怎么写就怎么写。过去同学们最怕的作文，现在，分分钟搞定。

有喜欢画画的孩子，在写高兴了的时候他会配合内容随手画上几笔。这种自由的写作状态特别受学生欢迎。"小秘书"工作的那个时刻班级是安静的，最有学习的感觉。

有一次，期中考试班级成绩不好，我吓唬他们要停他们的语文活动，他们赶紧告饶，说别的可以停，"小秘书"不能停，因为他们指望着"小秘书"学点东西，写点东西。

学习带来了快乐，带来了成就感，虽然辛苦一些，但孩子们喜欢这样上课。

我手写我心

语文界曾流行"两支笔"的说法,学生"第一支笔"写的作文是给老师、家长看的,"第二支笔"写的日记、微博、微信等小随笔是给自己和朋友看的。

长期以来,老师为了考试,强化训练学生"第一支笔"的功能而忽视了"第二支笔"的作用。尽管我们绞尽脑汁,想改掉应试教育的弊端,但终究无法改变应试作文的雷同、空洞、言不由衷的毛病。而孩子真正的创作灵光,鲜活的语言,丰富的想象力和婉转、细腻的情感,这些成长过程中最宝贵的东西,却只能锁在自己的小世界里,永远得不到发现和发展,任其自生自灭。这是我们语文教学最大的损失。

为了培养学生的创造力,开学的第一周作文课我倡导学生拿起"第二支笔","我手写我心",把自己的真实情感写出来与老师同学沟通交流,内容、形式不限。每周一篇"我手写我心"的记录,我们称它为"周记"。

"周记"不是应试作文,也不是一周大事记,而是我们用眼睛和心灵捕捉到的生活之美,是我们精神生活的呈现,是师生沟通的桥梁。

开始,学生很不适应,表现为不信任老师,不相信写给自己看的东西叫文章,像小动物在笼子里关久了,一旦打开门,它却不会跑。

我记得,第一次作文收上来,却没有一篇像样的文章。我只好从别的班,找来一篇范文,作了细致的讲评,同学们这才知道什么是好文章。慢慢地,我们班同学手下也有可圈可点的语句了。其中,有一篇《蚂蚁》,

全文只有一段，却生动精炼，读了以后大家都点头，而作者自己却认为老师太夸张了，因为在初中他就很少写作文，中考就亏在作文上。我让他不要换题目，继续写。第二次、第三次写得也都很好，三段合起来后，让他自己都惊讶的是：佳作产生了！

同学们喜欢情景作文。一个深秋，下了课间操，我路过几棵樱花树，在蓝天、白云的映衬下，这几株树煞是好看，那满地的红叶闪着油柔的自然光泽，灿烂而静美。我真想走过去，捡起几片树叶，送给我的学生。

在作文课上，我把这种感觉说给学生听，正好，他们苦于没东西写，我说："你只要扭头看一眼窗外，就知道什么叫美了。"没想到那一周同学们就写出了好多联想丰富，文采绚丽的好文章。

喜洋洋在《秋》一文中写道："坐在长椅上细细品味凋残的秋色，远处燃着的一堆落叶荡来幽幽的香味，不知为什么总是喜欢这种若隐若现的温暖。烧完的灰烬静静地躺着，仿佛是在对土地诉说着什么。我细细听他们之间的耳语，不敢出一点声音，生怕打扰了他们。"

神马同学去看海了。"看着海，心情也平静了下来。蓝蓝的天，蓝蓝的海，连成一线，再加上天上朵朵白云，真是美极了！

天边飞来几只海鸥，打破了这宁静，也给大海带来了几分活泼。

太阳快下山了，残余的光芒洒在海上，给这大海增添了几分华丽的色彩，像碧绿的绸缎上点缀了些黄色水晶，既耀眼又令人不舍得把视线转移。

生长在这无际的海边，做海的儿女，我们真是太幸运了！"

住校生娜娜学会了看风景，回家路上再也不用着急。

"坐在回家的车上向外看，不经意间看到夕阳已经悬在半空中了，就像玉盘一般。照在人脸上，人的脸就仿佛镀上了一层金子，美丽极了。

云霞色彩变化极多，一会儿百合色，一会儿橘黄色，一会儿半紫半黄，色彩缤纷，变化无穷。形状也一会儿一个样，有时像团团棉花，有时像江面上的小波浪，它们的变化是那样自然，那样迅速，那样瑰奇。

过了一会儿，夕阳突然失去了耀眼的光芒，它通红通红的，上面好像压了块千斤重的钢板，逐步下坠。忽然，太阳下部陷入天边的乌云里了，我知道太阳快下山了，而我也快到家了。"

有同学捡了自己最满意的红叶，夹在本子里赠给老师，并在文章中写道："老师，您也很怀念以前吧？不然，您不会告诉我们，您希望到操场上去捡一片发黄的枯叶的。也许是我的情感太丰富了，这片树叶便是我捡的，是我送给老师您的，叶子的颜色是金黄色的，金黄色代表着丰收，代表着成熟。青春是无所不能的，虽然，它缺少一点成熟与稳重，但它的精神与活力能使人达到人生的最高峰。我把自己遇到的一切，都看成是对自己的磨练，今天的锻炼是为了更好的明天。谢谢您，老师！"

还有同学在文末注上了这么几句："从家到学校的一段路两旁种的是枫树，本想摘几片送给老师，却不想破坏另一种美，等叶子落了，一定送您几片最美、最红的。"

在作文讲评的时候，我把自己的感动，反馈给了同学，我说："没想到老师随手撒下的一粒种子，却换来了这么丰硕的收获。红叶总有枯黄的一天，但它却把生命赋予了大地，把希望留给了明天。"

至此，学生完全向我敞开了心扉，有了快乐与我分享，有了痛苦向我诉说，有了问题向我请教，小秘密也不瞒我，还不忘注上"请保密"字样。我的评语有时只有两个字"谢谢！"，有时是鼓励性的几个字，有时只有鼓励性质的几行波浪线，有时我的评语比原文还长。他们很重视老师的评语，每当交上作文，他们就迫不及待地等待下一次作文课了。当课代表把周记本或"秘书"本放上讲桌的时候，同学们的眼光，都直勾勾的寻找自己"宝贝"的身影，看看是否在"待读"那一摞里。

周记本记录了三年来同学们成长的足迹，每一篇文章都如实的记载了当时自己内心的困惑、挣扎、感动及成长的喜悦。这些珍藏在日记本中的

129

文字具有时代的印记，听说有人收购这样的东西，同学们说，多少钱也不卖，将来要传给儿子。

哈哈！虽是玩笑，但能看出其价值。

写诗，写歌，写小说

要说我们班孩子人人都是诗人，个个都会写歌你肯定不信，你看下面这些作品怎么样？

享受孤独

婷嫚儿

把自己栽在烦恼的花盆里，
里面的营养使我备受磨砺。
我的叶脉上写满了苦恼，
血管里传递的是不可一世的勇气。
在此挺起弯曲干枯的枝干，
迎着烈日，
不肯倒下的决心。
即使面对的是黑色的世界，
也要昂起我沉重的头颅，
黑色的命运不能改变我坚毅的性格。
哪怕，

吸进的再浑浊；

哪怕，

饮进去的再污秽。

就算枯萎，

到了不能为自己辩解的时候，

也不要，

看着别人的鞋面踩我的脸上。

愿意，一个人，

独自一人，

寂寞地在夹杂着沙子的风中摇摆。

何愁没有一片雨云，

这正是我所享受的。

我是尼古拉

小和

我是蝙蝠却不能飞，

困在日复一日的街。

无止尽的狩猎，

仿佛一种天谴。

上帝遗弃我们却又要给

黯淡的月光照亮世界。

让我们无尽又无情的繁衍，

看爱过的人一一告别，

做过梦的人一一凋谢，

只留下我独自残喘千年。

注：尼古拉，传说在西方神话中是他把耶稣出卖了，上天惩罚他拥有不死之身，且白天不能现身，因此他只能在夜晚出没觅食，渐渐地他堕落成了吸血鬼。

在我们班，像上面这样的作品俯拾皆是，我们早已不觉得稀奇。写诗，写歌，在同学们看来是轻松加愉快的事。

既然都会写，我们就举行赛诗会，赛歌会。

赛诗会上，因为要分组比赛，于是，同学们表现出了极大地创造力和潜力，如生性刚直的斌 go 竟然也能顺口吟出"亲爱的，你在哪里？每个夜晚，都在想你。亲爱的，你在哪里？你在我的梦里。"还有我们温顺的班长以一首《请给我一把刀》赢得了"英雄"的称号：

请给我一把刀，

让胸膛的鲜血流过刀刃，

流过刀柄，

流向大地，

回到它那向往的土地。

然后静静地，

静静地躺在那温暖的土地上，

享受那死一般的寂静。

最后一抹夕阳洒在我的身上，

慢慢地闭眼，

静静地结束。

尤其是一些平时不爱文学的微机"达人"也一首首的写，如"黑客"的《杀毒小令》：常在网上购物，沉醉不知毒入，兴尽晚关机。误入病毒深处，杀毒，杀毒，干掉熊猫无数。《熊猫烧香》：熊猫烧香真是烦，瑞星江民杀不完。正入猫香圈子里，一猫放过一猫拦。

无意中，同学们听说歌词比诗难写，于是他们又想尝试一下写歌。

某一天，他们策划组织了名为"歌词之旅"的小竞赛。每个组队员轮流上台演唱自己写的歌，词儿是自己写的，曲子可以自己编也可以套用别人的。

当非常"3+7"组组员君君用他那好听的男中音唱到："静静地看着天空，静静地期待爱；静静地吹着海风，静静地去发呆……"同学们都听呆了，认为是"音乐之神"降临。

历来以抒情见长的萧韵组，当然不能放弃这样的机会。当组长凤儿随着音乐的节拍唱出："如果上帝赐我一个愿望我宁愿放弃月亮，只要给我一颗星，我也会把它捧在手心上。每天带它去欣赏久违了的阳光，直到那阳光刺到星儿的心房。如果上帝赐我一个愿望，啊，我亲爱的上帝，你什么时候才能来到我的身旁？可爱的孩子们，在耐心等待你赏赐的目光。"我们被深深打动，不单为凤儿美妙的歌声，更为她写的歌词，她唱出我们班每个同学的心声。

品尚组发挥强项，他们派出体育特长生丸子唱快歌：

"清早起床了，觉得头有点痛，可能是昨晚看球睡得有些晚了。

一点点改变，我只要一点点。早睡早起，强身健体无止境。

我是一个小兵，听老师的命令，

张老师让往东，我就不敢往西，你让我跳楼，我不是傻子。

大哥装B也不能天下无敌，新一代的朋友别喝二锅头，因为我们不会喝酒，喝多会上头。

我可以改变世界，改变自己，改变发型，不再装B。要一直努力，努力，永不放弃，才可以改变世界Come on改变自己——"

丸子连蹦带唱，逗得我们哈哈大笑。

玩儿RAP不是？萧韵组不服气，派他们的"街舞王子"小东上场了。

"从舞堂到操场到街头哪里都是舞台，——我也走着自己的路

去展开期盼已久的精彩——我舞跳得不一般

虽说，只是新手级别，请你不要见怪——我的 POPPING 每个细胞都在跳跃

看这繁华的动作，在叙述对现实的期待——DANCER 站在舞台

观众太多，在他紧张不稳的时候，请你不要笑他好不好？

……"

唱到高兴处，台上台下齐声合唱。

其实，我也想唱，我想大声唱"我爱你们！""我爱生活！"

谁说我们不懂艺术？这是最原生态的艺术。谁说我们不会玩音乐？现在电视台热播的"我是歌手""最美和声"这样的节目早在 5 年前已在我班上演。

写诗写歌在我们班蔚然成风，但在 07.1 班"写手"们眼里，这些都是"儿童游戏"，玩这些他们觉得不过瘾，他们要玩儿"大的"——写小说。

婷嫚儿都能写长篇，我们为何不能？于是子健的历史演义《三国异世录》开始了；喜洋洋的战争题材《高山之巅》也写了好几章，在周记本上还配了插图；郭郭的言情小说在网上发表后更是受到众多"粉丝"的青睐，几个网站争相签约。班级中更有众多的"文艺小清新"写短篇，他们纷纷"牛刀小试"，写得都不错，如凤儿的《他们的距离，8.202 英尺》、小鱼的《逝去》、猴子头的《牛仔不笨》，还有班长的《我是一只鸟》等都大受欢迎。

这些作品多数成为班刊和校刊的选文，"出版"以后他们创作热情更高涨了。

"采风"归来

每年寒假结束，开学的日子，差不多都是元宵节前后。同学们还沉浸在"过大年"的喜悦中，很难按家长老师的心愿马上进入到"学习"状态中，这是大家都苦恼的事。而我们07.1班一点儿都不苦恼，因为，这正是我们了解传统文化的大好时机，也是本班各路人才展示才能的好机会。

2008年，孩子们返校的日子是正月十四。元宵节休一天，十六上课。返校这一天，我给大家布置了一个作业：循着"年味"去"采风"。

趁着春节、元宵节走亲访友之际，要同学们深入到民间民俗中去寻一寻我们民族文化的根。采风归来，以小组为单位组织一次春联、灯谜的"擂台赛"。

"采风"这个新鲜事让孩子们兴奋极了。他们迅速分配好任务，呼朋引伴，在小组长的率领下，纷纷奔向大街小巷、老城商铺，甚至停车场和旅游景点。

既然要"打擂"，材料当然要独家发现，还要有创意，要查找资料制作课件，两天的时间，还是蛮紧张的。

正月十六这天下午，我们用一节语文课和一节班会的时间举行我们本学期第一个大型语文活动：对联与灯谜。同学们怀着欢快的心情，等待主持人小鱼和君君。只见二人款款登台，颇有春晚主持范儿：

小鱼：春风传喜讯、金鼠踏歌来。

君君：循着"年味"的香气，我们"采风"归来！

小鱼：看，阳光灿烂，那是新春绚丽的色彩。

君君：听，鞭炮声声，这是鼓动人心的旋律。

小鱼：在过去的一年里，我们同学、老师共同努力，创造出属于我们自己的一片天地。

君君：在新的一年里，我们也将继续携手耕耘，克服将要面对的困难，迎接需要接受的挑战。

小鱼：过年，就是与"家人"在一起，分享一年的快乐。

君君：今天我们07.1班"全家人"将一起品尝我们刚刚采来的"新春"这杯美茶，让我们氤氲在中华文化的幽幽清香中，度过这欢快的时光吧！

……

"佳联故事"由萧韵组的斌go开始打擂："从前，有一个贪赃枉法却又喜自我标榜清廉的县官，大年三十晚上在县衙门上贴了一副对联：一心为民，两袖清风，三思而行，四方太平，五谷丰登；六欲有节，七情有度，八面兼顾，九（久）居德范，十分廉明。横批：福荫百姓。谁知，大年初一早晨，有人就在他的红对联上贴了白对联。白对联写道：十年寒窗，九载熬油，八进科场，七品到手，六亲不认；五官不正，四蹄不羁，三餐饱食，二话不说，一心捞钱。横批：苦煞万民。那贪官本想用对联粉饰自己，却被百姓用妙联反击、嘲弄。"斌go的故事果然精彩。

接着品尚组的佳佳来对擂。她出的对联也很有学问，据说当年苏东坡考进士迟到了，主考官给他出的对联难为他：一叶小舟，载着二三位考生，走了四五六日水路，七颠八倒到九江，十分来迟。佳佳让大家对下联，同学们对不上。

看到品尚组同学得意了，"非常3+7"小组不服气，现场做了一副对联：

（一）认真，二诚恳，师生称赞

(班)和谐，思进取，共创佳绩

萧韵组的大才子子健略一思索，一副绝妙对联诞生了：

上知天文下晓地理，天时地利人和样样具备

左叩父母右拜高堂，饺子鞭炮红包事事顺心

横批是："人"财"。

"非常3+7"小组也不甘落后，他们发挥了集体智慧，喊喊喳喳一会儿工夫，又有了一副对联：

家（加）庭和睦年年好

有（油）缘相聚事事牵

因为"非常3+7"小组这两副对联属于姊妹对，藏头联，合起来就是"一班加油"。当婷嫚儿代表"非常3+7"写下"一班加油"四个字的时候，全班报以热烈的掌声。

老张我受此感染也即兴创作一副：

蔽帚画西施乐在其中

拙眼识人才扬我中华

横批是：试试无妨

当然，大家最喜欢的还是猜灯谜。这一局被古灵鬼怪的小马攻擂获胜，因为他猜出别人的谜底多；他出的谜语大家都喜欢，比如，"是水能养鱼虾，是土能种庄稼，是人不是你我，是马走遍天下，答一字。"同学们猜呀猜，但都猜不对答案，当小马骄傲地写出"也"字的时候，小伙伴们都服了。

最后萧韵组以三局两胜获得了本次活动的"最佳表现奖"。萧韵组组长凤儿发表获奖感言：

"过年，是一家人团聚的时刻。我们写对联，猜谜语，深深感受到了大家坐在一起温暖幸福的欢乐气氛，而配得上拥有这个气氛的词只有一个，那就是'家'。07.1班，是一个团结和睦的班集体，是我们32个人的

'家'。我们从不同的学校相聚在此地，只因为一个字，那就是缘，'家庭和睦年年好，有缘相聚事事牵'，在这里，有欢笑，有喜悦，有幸福。当然，我们感受最深的莫过于家庭的温暖。在此，我代表全组同学给大家送上祝福，并希望我们这一家人，能够团结友爱，度过三年的美好时光。"

好书推介会

阅读，是人类最大的福利，花最少的钱，获最优质的服务，交最有水平的朋友，享最自由的空间。阅读，不仅可以学习，可以修为，还可以疗伤，当人生遭受压力无法排解时，通过阅读可以自助自愈。我常想，一个语文教师，即使你什么都不做，只要教会孩子读书就是一个称职的老师。

教孩子读书是一个老师最基本的任务。我对教过的每一个孩子都会说，读书吧，没有比这再好的学习方法了。学会读书，你一辈子就不会再寂寞了。

07.1班是读书大本营。我们有自己的图书馆——湘苑，有两名图书管理员负责全班同学的借阅管理工作。除了每日常规阅读外，我们会定期举办"好书推介会"。下面节录的是2009年4月的那次读书会。

活动时间：2009年4月23日（世界读书日）

活动地点：青岛电子学校111教室

主持人：君君

活动内容：一路书香伴我行

活动过程

【开场】

主持人：老师，同学们，大家好！很高兴，我们坐在一起，谈谈读书的事。读书不光是读书人的事，更是我们学生的事，是我们喜欢的事。

如果我问大家伴随你一路成长的是什么？也许你们会说亲人、理想或者是朋友、信念……但我相信不论经历了多少事，在成长的道路上一定不会少了这一生的挚友——书。

我们07级1班，是一个热爱读书的班集体。无论何时，当你步入我们的班级，一股浓浓的书香气就会扑面而来。不必说早晨那朗朗的读书声，也不必说自习课上人手一卷，静静阅读的迷人景象，更不必说辩论赛中旁征博引，侃侃而谈的风姿，单是教室后面，"湘苑"里那古今中外，琳琅满目数百册的藏书，就不知美煞多少人。"一路书香伴我行"已经成为我班的教育特色。在这祥和温馨的环境中，同学们读着我们爱读的书，感受着我们自己的幸福，享受着健康快乐的美好时光。

【多读书，读好书】

主持人：读书，可以正心也可以养性。笛卡尔说："读一本好书，就是和许多高尚的人谈话。"苏轼云："腹有诗书气自华。"这些耳熟能详的名句无时无刻不在警策着我们要多读书，读好书。

那么现在请同学们思考一下，在你心目中把好书比做什么呢？

"书是人类进步的阶梯！"

"书是精神食粮！"

"书是我最忠实的朋友！"

"书是不说话的老师！"

"书是我的咖啡！"

"书是我的情人！"

……

看来，同学们还是很喜欢读书的。那么，请同学们说一下自己的阅读范围、习惯和影响吧。

　　王大拿：我喜欢读文学、漫画还有计算机方面的书。我喜欢手捧着书的感觉。

　　郭郭：我也喜欢纸质书，厚厚的，散发着墨香味儿的一本新书，能打发一个周末。而且，我喜欢读历史方面的书，《明朝那些事》对我影响很大。

　　凤儿：我喜欢寓言故事和笑话之类的，我觉得读书就是为了放松。

　　勇子：我喜欢鬼故事，还有动漫、体育等方面的，我不喜欢读起来有困难的书。

　　佳佳：我姐是导游，所以我对旅游、地理方面的书感兴趣。

　　大哥：我只喜欢战争和艺术作品。

　　瀚瀚：除此之外，我还喜欢武侠，当然，我是屏幕控。

　　……

　　什么样的人，读什么样的书。人说，书是人类的营养品，这句话一点不假。虽然说开卷有益，但还是提倡大家读好书，多读纸质书，少用屏幕。

【读书方法】（略）

【好书推介】

　　主持人：人有时会有这样的经历，在童年、少年或青年时，因为一本书或者是某个人的一句话而感动，因而，改变了人生的态度。现在请瀚瀚同学上来讲讲他读的新书吧。

　　瀚瀚：我推介的书名字叫《一个经济杀手的自白》，作者是美国的约翰·珀金斯。本书以纪实小说的形式，真实和完整地再现了一个经济杀手所用的各种高明手段：伪造财政报告，操纵选举、贿赂、暗杀、敲诈、色诱等手段控制他国政治精英和经济命脉，从而肩负着建立美国全球霸权的战略任务。作者在完成这本书的过程中，遭到过恐吓和贿赂，目的是为了阻止他揭露隐藏在经济杀手背后的真实故事。由此可见该书的社会影响力之大。

作者在结尾中说："我们生活在谎言之中。"由于美国可以任意发行钞票，它就有钱让"经济杀手"去贿赂他国的政治精英，先使他们背一身债，无法偿还，再用讹诈的方法使他们为美国战略利益服务。该书的看点在于用惊悚的方式写真实的故事，还有奥斯卡影帝哈里森·福特（Harrison Ford）主演的电影也为该书增色。

主持人：听完了瀚瀚同学的介绍，大家是否有所触动呢？那么现在请同学们用一分钟时间回忆一下你所读过的书，细细的回想那一幕幕令你或感动，或悲伤，或欢笑，或哭泣的动人场景，用心品味书的魅力。

现在分享同学们介绍的好书。

……

【现场捐书】

主持人：生命，需要书的伴随，也需要友谊的滋养。春天来了，我们的书苑也要新陈代谢，现在请同学们献出你的爱心，把你最喜爱的书献出来与同学们分享。

……

洗　课

"洗课"是一种形象的说法，它跟洗牌、洗脑一样，是对已形成的模式进行重组或改换的过程。具体说来，就是教师根据学生的需要，从每篇课文中梳理挖掘出本堂课最有价值的教学内容，用学生喜欢的方式授课。

我认为，再好的文章，"喂"给孩子"吃"之前也要"洗一洗"。因为每篇文章都有其诞生的背景和作者的主观因素，经过时空的沉淀，多多少少都会有些"尘埃"。再说了，学生求学的目的不是"来学课文的"，而是来增长见识，提高能力，完成成长需要的。尤其，我们这些已经得了"厌食症"的职业学校的孩子，看到课文就皱眉头，如果我们做偷懒的"主妇"，抓一把粮食，不洗也不煮，这么硬生生的塞给孩子，那就是害人！

教材的编选讲究共性和系统性，如果不考虑学生的专业，不顾及孩子的接受能力而照本宣科，很容易沦为教材的奴隶，哪里还有时间搞活动，搞创作？当然，要培养学生热爱民族文化的情感，接受优秀文化的熏陶，提高文学修养和审美情趣，没有文本阅读也是不成的。

既要阅读文本，又要跳出文本，这就需要老师来"洗课"。比如《红楼梦》，作为中国文学的巅峰之作，学生总得读一读。

说实话，我们的学生真心不爱读这本书。怎么办？洗呗！

赏析《林黛玉进贾府》的时候，我洗掉了四分之三的人物描写和大部分的环境描写，故事情节只留下"宝黛初会"。这样，课文中被很多"红学家"们看好的古代建筑文化、服饰文化、饮食文化等部分，甚至被很多老师津津乐道的"熙凤出场"等情节都为男女主角宝玉和黛玉的故事让路，这样学生学起来就轻松多了，有趣多了。

我们的目标是引领学生爱上读书，爱上中国文化，如果学完《林黛玉进贾府》学生仍然对《红楼梦》没感觉，仍然不能被伟大的爱情故事所打动，这样的语文课就是失败的。

我们在《林黛玉进贾府》中赏析了"宝黛初会"，再学习《诉肺腑》就顺畅了。一上课我就单刀直入，毫不含糊地问了正值青春期的学生一个敏感的问题："同学们，爱一个人有理由吗？"学生头顶炸雷，面面相觑，继而发现我一脸的真诚才怯怯地回答："爱一个人没理由。"我说："错！爱一个人是有理由的。盲目的爱情是没有生命力的。看来，同学们还需要学习。对于一段能惊天地，泣鬼神的爱情，决不会没理由。"接着我在黑板上的显要位置恭恭敬敬地写上本课切入点：贾宝玉爱林黛玉的理由＿＿＿＿＿＿＿＿＿＿＿＿。然后学生就带着这个问题阅读课文，在故事中自己寻找答案。他们在解决自己疑问的阅读过程中，忘却了对课文的反感，也忘却了他们与人物的距离，讨论得很激烈。学习《诉肺腑》这篇课文用了学生感兴趣的话题导入起到了四两拨千斤的好效果。

《祝福》是鲁迅先生的经典之作，我们的学生大多数不具备读懂"鲁迅"的能力。如果不找到一个好的切入点，要想在两三节课的时间里，让我们职业学校的学生读懂《祝福》那是不可能的，更谈不上穿越时空隧道触摸大师那深邃的思想了。

老师的导读尤为重要。我是这样导读《祝福》的："同学们，我们以前读过鲁迅的《故乡》《孔已己》《药》等小说，我也给大家讲过鲁迅的第一篇小说《狂人日记》。在《狂人日记》里，鲁迅先生借'狂人'之口，抨击了中国几千年的封建礼教，称中国的封建礼教是一部'陈年流水簿子'，横看竖看，满本只写了两个字——'吃人'。我们知道，它吃掉了活泼可爱的少年闰土，吃掉了美丽贤淑的少妇杨二嫂，吃掉了身材高大的读书人孔已己，吃掉了革命党人夏瑜……今天我们再来看看封建礼教这只'怪兽'怎样凶残地吃掉一个勤劳善良的不幸女子祥林嫂，看看那一伙青面獠牙的家伙，怎样用它们那'白厉厉排着的牙齿'，一口一口把一个活生生的祥林嫂吞噬掉。请同学们认真阅读课文，阅读完毕后，完成黑板上的两个填空题：

1. 祥林嫂死于＿＿＿＿＿＿＿＿＿＿＿＿＿＿＿＿＿＿＿

2. 祥林嫂的悲惨表现在＿＿＿＿＿＿＿＿＿＿＿＿＿"

学生快速进入了阅读状态，全班鸦雀无声，读得非常投入。

半小时以后，所有的学生都读完了。我开始提问，规定每道题只能用一个词或一句话概括。

学生积极思考，踊跃抢答。第一个问题答案集中在祥林嫂死于封建统治、封建礼教、坏人的压迫和剥削、人性的冷漠、精神的压抑、社会的排斥和自身的愚昧、孤独等，我们经过探讨写下了"愚昧"两个字。因为迫害祥林嫂的人并不是天性凶残，而是因为愚昧才相信祥林嫂是个"谬种"；祥林嫂自己更是因为愚昧才相信了众人和柳妈的话，从而失去了努力生活的勇气。人心的冷漠、社会的无情皆源于愚昧。而第二个问题就比较复杂了，学生回答得五花八门，有的说"她很可怜，却没人可怜"；有的说"她应该痛恨大家，她却认同愚昧，不反抗"；有的说"祥林嫂即使活着，也如同死了"；还有的说"祥林嫂最悲惨的是即使死了，别人都不可怜她。"

首先充分认可大家的意见，但我认为大家对祥林嫂的悲剧认识还不够深刻（老师的价值就是要提供给学生信息差异）。学生们都瞪眼瞅着我，等待我的答案。我转过身去，在"祥林嫂的悲惨表现在＿＿＿＿＿＿＿"后面，认认真真地写下"活着遭人抛弃，死后不得安宁"。

学生恍然大悟，我进一步点拨，"因为祥林嫂嫁过两个男人，柳妈告诉她，将来这两个男人在阴间里要争她，最后，会把她分成两半。她即使死后，在地狱里也要遭受分尸的煎熬，但她又希望'死去的一家人还能见面的'。所以死之前她不单是痛苦，更多的是恐惧。对祥林嫂来说，死亡不是解脱，还有比她更悲惨的吗？一般作家写故事，死亡就是悲剧的结束，而在鲁迅先生的《祝福》里，死亡并不是结束，而是读者心中另一个故事的开始，它比一般的悲剧又延伸出一层。读者会透过这一层意思，感受到一种彻骨的寒冷。这就叫深刻，这就是鲁迅。"学生频频点头。

教师在"洗课"的过程中，选择什么样对象，选择什么样的"洗"法，都要根据学情的需要裁决，跟洗衣服一样，该泡的泡，该加温的加温,……

洗课,是一个再创造的过程,我乐在其中。

舞台也疯狂

07.1班的同学热爱舞台。学校有演出活动,也喜欢找我们班同学参与。每年的艺术节,07.1班绝对是台柱子。毕业那年的艺术节文艺汇演,我们班撑起了舞台上半数节目:话剧社上演的话剧,从导演、编剧到演员,基本全是我班人马;舞蹈,无论是现代舞还是民族舞,领舞的都是我们班;相声、曲艺也是我班的节目。还有其他参与节目,连我也上台了。

这些很少出头露面的孩子,从什么时候起爱上舞台的我也说不清楚,可能多少有点受我影响。我从小就喜欢表演节目,我经常给孩子们讲我小时候,在农村唱样板戏的故事,讲我偷偷地跑到县剧团求艺的故事,讲我最爱的京剧流派和角色,偶尔我还会给他们哼唱几句。但他们最主要的兴趣应该来自课本剧,他们自己尝到了舞台艺术的乐趣。

《<宽容>序言》是一篇文质兼美,主题深刻的好课文。作者——美国著名学者房龙,用生动有趣的文笔为我们叙述了一个人类社会愚昧落后,排除异己,不宽容的故事。学生喜欢这个故事,我不想剥夺学生自主阅读的快乐。我没有导读,也没有范读,只是把带有插图的《宽容》原著介绍给大家。然后,让学生用排演课本剧的方式汇报他们对《<宽容>序言》一文的理解。

学生对此表现出极大的兴趣,创造力空前高涨。他们自编自导自演,只用了一个早自习的排练，三组同学各自上演了他们自由创作的课本剧《神秘的山谷》。

演出获得了极大的成功。最可贵的是他们超越历史，超越权威，对"守旧老人"和"漫游者"提出了自己独特的见解。

从此以后，他们就喜欢演课本剧了。只要有一定故事情节的课文，古今中外的都能演，如《侍坐》《庖丁解牛》《鸿门宴》《项链》等课文都演过。最后，我们把展现二战时日本投降仪式的大型课本剧《落日》搬上舞台，获得了青岛市中职生课本剧比赛一等奖。

课堂无极限，只要孩子们有创造的热情，有努力的劲头儿，哪儿都是课堂，到处都有教材。

学习，在我们07.1班已经不再是单纯划划写写，抄抄背背的事，我们的孩子不喜欢吃老师"嚼过的馍"，他们要自己去探索，去尝试，去体验学习的快乐。

还有一件令我们颇为骄傲的事是辩论赛。

每年春天我校的辩论大赛是我们07.1班大显身手的时候。我们班的辩论技能被奉为经典，经常给学弟学妹做示范；也曾不战而屈人之兵，让兄弟班级的辩手甘拜下风，直接退赛弃权。毕业前夕，君君同学还作为主辩手代表学校参加青岛市中学生辩论大赛，击败了强手如林的重点中学，获得冠军。

人们都知道我们班出辩才，可是，培养一个主辩手，你要给他舞台，给他对手，还要给他队友，要经过多次唇枪舌剑的实战锤炼后才能成长起来。

这个过程是在班级中一步步完成的。

从班级"每日一说"开始，站在讲台上的是主辩手，台下所有的同学都可与之辩论。演说过程中，冲突比较集中的话题，我们马上举办班级辩论会，如，早恋问题、中学生玩网游的问题、上课带手机问题等都辩论过。

  我们班的辩论是基于现实问题而进行的，不是为了表演，也不纯为了比赛，所以同学们参与的热情很高。这样培养的高手经得起"折腾"，而且是有思想，有口才，有应变能力的综合型人才。主辩手君君就是这样成长起来的。当然，君君在做"头羊"的那个阶段锻炼了他的演讲能力，这其中也有我的"功劳"：君君在竞选学生会主席跟我"较劲"的时候，我无意中成了他辩论的"对手"。

  这样想来，"较劲"也值了！哈哈！

走出去，请进来

  07.1班的课堂是开放的大课堂，我们蹚着文化的河流，聆听着自然的声音，紧跟时代的步伐，经营快乐的课堂。我们除了阅读文化这本书，也阅读自然这本书，阅读社会这本书，阅读生活这本书。

  我们去市博物馆了解青岛的历史，去图书馆聆听古迹的保存和修复知识；我们去街道做义工，以培养社会责任感；我们参加奥运志愿者活动，尽公民的义务；我们去市政府信访办做汉字录入，了解政府工作职能……只要走出去，我们就会学到很多东西。

  我们不仅走出去，还会把专家请进来。我们请动漫专家杨老师给我们讲中国动漫产业的现状及发展未来，请学校招生实习处刘主任给我们讲计算机专业的就业前景和职业生涯设计（刘主任来讲过两场）。有很多同学是听了这两位专家的演讲后才坚定了对专业的信心，有了职业生涯规划的。

　　我们请过很多专家来我们课堂，甚至有的专家跟我们班的同学成了朋友，如岛城著名心理学专家江南老师就跟我们班的同学建立了深厚的友谊，她多次来我们班讲学，同学们也喜欢上了这个邻家大姐一样亲切的心理专家，有什么心理困惑也会请她帮忙。她也接受了我们班春游、秋游等系列活动的邀请，跟大家玩得不亦乐乎。在毕业典礼上，她也跟同学们一样泪光闪闪，不忍分别。

　　在所有走出去，请进来的活动中，跟北川同学的联谊会是最具有纪念意义的。请看活动结束后，组织者君君的总结。

　　"与北川的联谊会，我们准备了两个星期。刚开始选节目有点困难，但经过沟通，并在班级召开了动员会，大家都比较主动了。我们班级有一个大型剧目——《鸿门宴》的演出，剧本总共分为6幕，人员很多，有些同学开始不好意思上，但看到班长等不太喜欢出头的人都参与了，同学们也都想上了。在这次活动中，我将组织权与剧本策划交给了同学们自己负责，同学们利用中午午休的时间积极排练，效果还是非常好的。

　　主持人由我和北川班一名女生担任。排练的时候我发现了问题，因口音不同我俩交流起来比较困难，而且那女孩说话的时候比较害羞，始终放不开，于是我让她跟着我一起读。我故意把声音放得很大，从一个词一个词地教，到一句话一句话地练。终于，她敢当着我们很多同学面朗诵了。

　　这次联谊会取得圆满成功，真的非常高兴！首先是北川同学的诗朗诵——《学会坚强，走出自己》，用这首诗作为联谊会的开始，让大家安静下来，在鼓励北川的同学坚强地面对生活的同时也给我们班的同学一些启发，让每个人都要学会坚强地面对困难，以此诗为引子来串联整个联谊会。

　　我们班的吉他演奏《你知道我在等你吗？》，这个节目在星期天下午排练时喜洋洋还有点紧张，停顿了几次，但是在正式上场后，演奏得非常好，很顺利。我蹲在地上给他举着话筒的时候，腿完全是麻的，还是一动不动地坚持了下来。

我们还请来了很多老师。看出来北川班的陈老师是精心准备了，唱了首英文歌曲，非常好。随着一阵阵掌声，我们将老张请到了场上，张老师演唱的是北京风味的"大碗茶"，那京韵京味的'大碗茶'赢来了震耳欲聋的叫'好'声。然后我们的老朋友江南老师又给我们带来一个游戏"松鼠搬家"，大家都很开心。

北川的三位同学在场上用手语唱《感恩的心》，在这种温馨的气氛中联谊会达到了一个感动的小高潮。在场的观众们也和他们一起用手语学着做动作，那场面，令在场每一位人员受到了心灵的冲击。

最后，随着音乐响起，所有北川的同学围成一个大圆圈，拉起手一起跳起了他们的锅庄舞。原汁原味的'锅庄'让我们同学体验到了舞蹈的原始魅力。刚开始，只有北川的同学在台上跳，后来我们也纷纷加入。可惜天气不好，如果是在大操场我们两个班一起跳，效果会更好！

在这次演出中，同学们都拿出了自己最高水平，作为组织者我也积累了不少经验。其实成功与否并不重要，重要的是大家在这个过程中感受到了人与人之间的那份淳朴的情感。相信这次活动之后，还会有更大的挑战在等待着我们。"

集体"翘课"

2010年四月的一天，为了我们心中的小小梦想，临毕业前还有一个月，我们全班上演了一场"胜利大逃亡"——集体"翘课"了，到校外球馆去打了一场羽毛球友谊赛。

我们班孩子喜欢运动，他们早知道我会打羽毛球，班里几个打得较好的同学一直嚷着要来一场小组赛。校园里无法进行羽毛球比赛，上学期我答应他们领着全班去羽毛球馆打比赛。孩子们天天盼着，可因为该死的"甲流"耽误了。眼看孩子们就要毕业，再不抓紧时间，孩子们就要带着遗憾离开校园。

这可不行，我不能让同学们失望。

本学期07.1没我的课，周末住校生要回家团聚，没有别的办法，要打球就只能选合适的在校时间了。选来选去，还是周四下午比较好，体育和自习。课代表负责跟任课教师沟通，其余的事交给班委。三下五除二，搞定了！

怕惊动别人的好奇心，我们选择上完眼操再走。

老师领着偷干"坏事"的感觉太刺激了！孩子们压抑着激动的心情，乖乖地坐在教室里。几分钟后，校园里安静下来了，孩子们抑制着自己的兴奋，鱼贯而出大门。几个块头小的坐我的车先去定场地，大部队由班干部领着，去公交车站坐车。

天好极了，阳光明媚。

心情好极了！

十几分钟后我把部分同学送去四方天奥羽毛球馆先玩儿着，然后载着小马哥去车站接迎"大部队"。大约半小时，第一波儿孩子到了，我让已经认识路的小马哥领着他们沿着小路走去羽毛球馆，我在车里等第二波儿孩子。不一会儿，孩子们就都来了，为了节约时间我开车送，送了两趟，学生幸福得不知如何是好了。

下午两点半，我们的比赛正式开始。当然是友谊第一，比赛第二。为了不耽误住校生晚自习，我们在四点半准时结束。场地费、租拍费共60元，班费出；用球7个，班主任我从家拿来的；冠亚军奖励坐班主任的车。俩获奖者恣儿的跟猴儿似的。

这堂活动课，成了孩子们最难忘的课。

这事儿要搁现在铁定不行，而当时我只为了信守诺言，没考虑太多。现在看来还是有些孩子气的。

阅读自然这本书

教育是为了摆脱现实的奴役而不是套上现实的枷锁；教育不能成为他人或为自己服务的工具，教育是美妙的过程，是人文关怀。教育者若忘掉了创造知识的重要源泉是周围的世界和大自然，把活泼的孩子关起来，背死书，这是悖离教育本质的做法。

为什么不放孩子去大自然亲自观察花儿怎么开，蝴蝶怎么飞？

我会对我的每一个学生说，去阅读自然这本书吧，它永远不会令你失

151

望。不能想象，一个不热爱大自然的人他会真正的热爱生活，会用充满感情的语言去赞美世界，赞美仁爱。

2007年11月份，07.1班迎来了入校以来的第一次大型考试——期中考试，孩子们脸上写满忧虑。经验告诉我，孩子们又犯考试恐惧症了。我心疼他们。有一天上完自习课，我跟他们说："考试紧张是很正常的，适度的紧张有好处。一张一弛文武之道，考完试我领你们去爬山。岛城的秋色11月最美！"闻听此言，孩子们欢呼雀跃，快乐的小火苗又在眼里闪烁起来。

2007年11月18日是一个美丽的礼拜天，同学们脱下校服，穿上漂亮的风衣外套，一行20余人，跟着我坐上公交车向市区东郊的午山出发了。

第一次举行这样的班级户外活动，没敢走太远。在丸子爸爸的协助下我们来到山野游乐场，什么穿越防空洞，山地摩托秀，徒手攀岩，真人CS，各种探险和竞技，同学们玩疯了。然后吃农家宴，各种野菜、野味，热情好客的朋友还给我们宰了一头羊。

饭后小憩一会，我带领大家登高赏秋色了。

迎着凉爽的秋风，我们踏上铺满落叶的山间小路。男同学在前面开路，女同学紧随其后。我们携手相助，唱歌说笑，欢快的心情随风飘荡，让刚刚入校不久的同学彼此多了些了解，感受到了集体的温暖。一会儿登上了山顶，突然发现失去了方向感，他们旋转着身子确认太阳的方位，然后跟身边的伙伴指认岛城地标性建筑，辨认各自的家。找累了，他们三三两两的坐下来，眯起眼睛，尽情的呼吸山间清新的空气。

这一刻，没有分数，没有排名，没有批评也没有鼓励，只有蓝天白云与山花野草做伴。秋日午后的阳光照射着他们青春的脸庞，天地间这样的宁静安详。我停下了按动快门的手，不忍心打扰这美好的一切。

自然这本书有巨大的教育意义，它能唤醒孩子们的爱美天性，还原生命的本来面目，激发他们强烈的好奇心。

自从我们约定秋赏落叶春赏花以后，在我们每个人的心里，播下了一颗快乐种子，我们在期待着这些日子。

　　大自然的神奇绚丽，不是任何教科书能描绘出来的。当这种永恒的大美，展现在他们面前的时候孩子们强烈要求去体验。第一次秋游结束后，他们就盼着春游了。我告诉他们，当窗外的樱花树萌芽的时候我们就去踏青。

　　2008年4月的第一个礼拜天，窗外的樱花萌芽了。我们登上了去即墨马山的长途车。这次几乎全班都来了，孩子们兴奋不已。

　　佳佳在周记里记录了当时的盛况：

　　"天下着小雨，有点冷，但我们没人愿意打伞。路边的野菜都长出了叶子，柳树也发芽了，看上去黄黄的。

　　我和几个女生在前面走得很快，一回头，发现大家都去玩套圈游戏了。老师套到一只短耳朵的红兔子，因为今天斌go过生日，所以老师就把这只奇怪的兔子送给他了。我们继续向前走。这时我看到前面有象蒙古包似的房子和一座奇怪的山，有人说那座山就是我们的目的地——马山。只见这边的石头全是一根根的大石柱子紧密地摆在一起，好像是谁家要盖房子堆在这儿似的，老师说这就叫石林。在这儿大家还集体合影呢！

　　拍完照，有人提议玩'捉迷藏'游戏。于是在大家的欢呼声中我们分为A、B两组，A组队员把东西藏起来，B组就开始爬山找。最气人的是爬山时我鞋带总开。

　　游戏结束了，我们也该下山了。

　　俗话说'上山容易下山难'，还真不假，下山的时候有好几次我都差点滑倒。我们又去了硅化木博物馆参观，里面都是一些木头经过上亿年衍变而成的石头，十分珍奇，让我们大开眼界。

　　我认为最有意思的还是吃饭的时候。本来说老师和子健爸妈那桌是喝酒的，另一桌不喝酒，但是一坐下，两桌的情况就全反了。我们先吃蛋糕给斌go庆祝生日,结果寿星还没吃什么东西,就被同学们敬酒敬得晕乎乎了。我们女生因为不胜酒力,就想用饮料代替,可是被发现了,只好换酒,真是没面子。说实话,我除了在啤酒节喝过果味啤酒之外,这还是第一次喝酒呢!我们没有跟老师在一桌,或许这样能更疯些吧。最温馨的就是大家一起为斌go唱生日歌的时候了,所有人同时真诚地祝福着一个人,那场面……斌go同学直在原地打转转,也不知是激动得还是羞得。大家快吃完的时候,斌go、勇子、老弹每人手上抹了些蛋糕去另一桌,抹了婷嫚儿一脸,最后跑到子健家,又是洗头又是洗脸的,真的很搞笑。

欢乐的时光总是短暂。转眼已经下午三点多,我们也准备乘车返程了,还真有点依依不舍。在车上大家意犹未尽,你一言我一语地回忆着今天的趣事儿。渐渐地,声音越来越小,原来,有的同学已经睡着了……"

是啊,欢乐的时光总是短暂。转眼三年过去了,要毕业了,孩子们不舍得离开我。在我们一起的最后一个春天,他们邀请我去崂山踏青。

这次是他们带着我玩儿,作为回报,我给他们做饭煮咖啡。

兰肃的家住在崂山的二龙山景区,她带领着我们享受到了崂山之春的秀美。这儿的春天,桃花梨花姹紫嫣红,茶树松树相映成趣,溪水清澈甘冽,用天然的崂山矿泉水煮的面和咖啡,孩子们吃得走不动。

享受自然之美是人性的基本体现。大自然是最慷慨无私的母亲,她赠送给每个生命的礼物都是一样的丰饶。感受自然之美,聆听自然的声音,是通向美丽世界的第一个窗口,是教育不可或缺的一课。

走进大自然成了我们班同学的共同爱好,毕业这么多年了,节假日我们还会相约一起去爬山。工作之余,他们自己也会寻找各种机会去旅游,去呼吸自然的空气。

我觉得这比较重要,比职位和薪酬都重要。我们的孩子学会欣赏大自然,将心灵打开,这是创造美好生活的开始。

特殊的寒假作业

"我的孩子变了!"三年来,家长们在我跟前说的最多的就是这句话。孩子的改变有很多因素,但我一直认为打工是很重要的因素。

经过健康的集体生活的调养,孩子们的精神面貌较入校时发生了很大变化,他们积极了,快乐了。但假期来了,他们会不会在离开集体后,又无所事事地投入"网游"的怀抱呢?难说呀!于是在第一个寒假,我就布置了一个他们从来没有做过的作业——打工。要求赚钱多少不论,工作环境自选,只要离开电脑桌两周以上就算及格。而且在家长会上给家长也布置了作业:帮孩子找工作。

寒假结束,开学后第一堂班会课就是寒假作业汇报。每个同学都要说,说找工作的艰辛,说商家的内幕,说合作的重要,说赚钱的不易,说专业的方向等等。

"作业"完成得不错。有很多同学通过这次打工不光赚到了一些钱,还在职场种下了人脉,约好开学后业余时间继续干。

班长在工作中受到鼓励,干劲儿十足,不仅要为自己赚学费,还决心五年内积攒十万块钱。他在周记中记录了他第一次打工的经历:

"寒假的日子越过越无趣,想起老师留的作业,遂联系了几个同学让他们帮忙找工作,但始终没有回音,我发现了求人不如求己这个千古不变的道理。于是乎,吾决定在过小年那天出去转悠转悠。

走在大街上正在想去哪里找活,抬头正好看到车站有辆公交车就坐了上去，坐到中韩，看到许多招聘广告就决定下去碰碰运气。来到一家鞭炮店便与老板交谈起来，老板见到我第一句话就说我干不下来。有点被人小瞧，哼……于是在我的死缠烂打之下，老板终于答应要我来上班了，一天40元的工钱。哈哈，发财了！

生意挺忙的，老板把我交给一个哥哥后就去照顾顾客去了。来买鞭炮的人很多，我感觉还是挺好的，不大累，就是搬搬货。晚上吃的排骨米饭。吃完回来，三姐（老板的姐妹）就跟我说，你不用搬货，你以后只管卖货行了。

因为我家远，下班后我是第一个走的。8：30准时离开，回家早早的就睡觉了。哈哈，40块钱就到手了，很轻松啊！

第二天早上我是第一个去的。整理完东西我就去熟悉货了。没事的时候跟着姐姐们了解这些鞭炮的最高价最低价，她们还教给我看到什么人要什么价……弄得我感觉良心不安，有种欺骗人的味道。上午来了3车货，本来应该没我什么事，但是一来货，她们就大喊：'男人们出来卸货了！'弄得我很郁闷，最后为了我男人的尊严，我还是出去卸货了。卸完货我继续去卖货，一天过去了胳膊有点酸疼。

第三天由于对货物比较熟悉了，所以开始卖货。因为我没有忽悠人的天分，我也不讲价，把客人要买的东西告诉老板，让顾客跟老板说去吧，起码良心上过得去。有时候看到一些老爷爷和小朋友我就把价钱说得更低，当然也有不领情的时候。有一次我看到一个老爷爷带着他的孙子，我不忍心把价要高了，就说得比最低价还低，最后结账的时候还给他少算了不少，结果老爷爷不领情还说我价高了，我郁闷啊……最后老爷爷也没买就走了，大概他以为我会去拉着他不让他走呢，反正我是问心无愧了。晚上我第一个冲出去吃饭，吃完饭我就被四哥（老板的兄弟）抓着去卸货。一个教室那么大的集装箱一会儿就被我们五个人搬完了。哈哈，我也不比他们弱！回家躺下就睡觉，也懒得洗了。挣个钱不容易啊！！

最后一天发工资的时候老板多给了我30块钱，说是奖金，走的时候经过老板的同意拿了两挂鞭回家放，嘿嘿，又赚了——"

再看丸子的作业汇报：

"考试结束，为期一个月的寒假生活开始了。在此期间老师给我们布置了一个特殊的使命，就是每个人都要找个营生干。

这使我很为难。我还没有满18岁就开始步入社会，想干些体力活，可用人单位看我年纪太小怕出事；想找姐夫托关系在肯德基干活，可那又不招聘假期工；想开公司，没票子；要种地，又怕脏了裤子。网上说现在最难的事情就是找工作，所以我找工作四处碰壁，没办法，只好去找我大姑，让她给我想想办法。

大姑让我在她的网吧里当网管。网管相信大家都知道，俗称就是修电脑的，这个工作我认为不错，在网吧里能用上专业，一个月600元，包吃包住。

俗话说的好：找到好工作，日子才快乐。这个假期我很快乐。"

我更高兴呐，原本只想让孩子们假期离开电脑桌，没想到他们初涉职场收获如此之多。孩子们把自己的成长跟社会做了链接就好比盆栽移植到田地里，空间广阔了，营养充足了，抗击打的能力也增强了。

课堂一旦开放，孩子们的表现比我们想象得好，很多事不需要老师家长唠叨，自己就决定了。班长和丸子他们第一次打工，尝到了劳动的快乐后，积极性就调动起来了，在后面的几个假期，甚至在学期中的礼拜天，他们也能找到地方去打工。

打工，成了同学们业余生活的主要内容。从此以后，同学们之间谈论的话题又多了许多内容，不再只是游戏的问题、学习的问题、恋爱的问题了，还有社会的问题，人际关系的问题及打工生涯中经历的各种故事。从他们越来越成熟的脸上，越来越沉稳的神态中读出了新的内容，一些教科书中没有的内容，一些家长和老师永远也给不了的东西。

07.1班的孩子毕业后都能找到适合自己的工作，尽管有的同学会不断地尝试新的岗位，但都能经得住年轻人初涉职场的艰辛和挫折。他们互相帮助，互相鼓励，踏实地走着自己的路，不埋怨，不浮躁，积极努力地生活着，无论哪个岗位，无论多少薪酬都能认真对待，诚恳为人，这样子不就挺好的吗？

　　如今他们所从事的职业，基本上就是他们在上学期间的兴趣所在，"猴子头"去了部队，腰哥做了警察，君君做了主持人，勇子、小泽、阿斌哥经商，班长、小马、胖子这些人依然在捣鼓计算机……

　　我们07.1班的教育目标就是做个幸福的普通劳动者，我们实现了目标。

卷四

长大了，唱一首我们自己的歌

《07级1班》

演唱：独享

词：君君

曲：独享

制作：君君

这首歌是要讲述一个班级，

它叫零七一承载我们太多回忆。

班里的女生才貌双全，个个都能独当一面；

这儿的汉子身怀绝技，人人都有几把刷子。

你们是我同学更是我心头的宝贝，

一起疯却总是没心没肺。

我们拥有理想期待展翅高飞，

面对梦想我们一向都很干脆。

赛诗，赛歌，写小说，时常举办辩论会。

春游，秋游，做义工，疯狂时还翘课打球。

但是大伙各种荣誉总能堆成山，

旁人说你们班级就是牛逼，

牛逼班级，牛逼学生一直在外传递，

自信独立，认真诚实我们快乐无敌！

三十一人三年谁都不曾后退，

张老师也总是照顾我们从不后悔。
她这人大大咧咧，有时特像个爷们，
却总是一个人的时候流着眼泪。
感谢张教主您付出的辛苦和爱心，
前进的路上不会忘记对您感恩。
我知道这歌会在你耳机里单曲循环，
就像是同班友情一样永远不会间断。
my best friends 我都习惯了有你陪伴，
希望这首歌，你能真心地喜欢。
你要知道永远还有我们在你左右，
永远还有我们帮你分担所有烦忧。
就算五年十年还是 N 年以后，
这样的友情，下辈子都还不够！
同学们工作以后都会有过低潮，
迈向社会的我们会遇到闪电和风暴。
我们知道，宝贝你的不开心都写在了脸上，
其实人生就是这样会起些波浪。
别再悲伤，还有我们在身旁，
有多少难关，咱们一起来抵挡。
我喜欢你没心没肺，笑容在脸庞，
宝贝你要坚信你永远都最棒。
你要知道永远还有我们在你左右，
永远还有我们帮你分担所有烦忧。
就算五年十年还是 N 年以后，
这样的友情下辈子都不够！

娜娜：这三年我改变了很多

电子学校这三年我学会了很多，改变了很多，最大的改变是我学会了与人相处。

在这之前，我从来没有离开过家独自在外居住，妈妈告诉我，这是对我的锻炼。

是的，住校让我懂得了很多。与室友的相处中我曾遇到过困难，有那么两三个星期，室友大部分都不理我，只有彩云跟我说话。我很感激她，在最困难的时候她陪我度过，其他人都是爱理不理的。她们不理我，我不能不理她们，我一直坚持跟她们沟通。后来相处时间长了，都知道脾气了，我们的关系也好了。这件事让我学会了怎么与同学相处，更让我学会坚持。

与班里同学的相处是我到目前为止人生最大的挑战。我自从当上了卫生班长，酸甜苦辣什么滋味都尝过了。同学值日，大部分的同学很自觉，有些人就是不值日，可能是我态度不好，有时候没给他们留面子，为此我付出了代价。那次，我被打了。后来我反思，也许真是我不好，以至于他那样对我。有好几次我都不想当这个卫生班长了，可是我告诉自己，要坚持，不能就这样被打倒。虽然我们班的卫生不是很好，但我一直在努力。当卫生班长我改掉了坏脾气，不能说是全改了，但确实改掉了不少！

总之，这三年，我挺好的！

蹦豆：这三年，我长疯了

这三年，我长疯了，从儿童直接变成了青年。

刚到学校时我个子不高，上身穿了一件橘红色衣服，下身是一条黑色运动裤，一口方言，给人的感觉就是一个刚小学毕业的孩子。

从军训走方队的顺拐到现在的改变，每一件事情都变成了一个美好的回忆。其中让我印象最深的还是"请假条"那件事。那天我本来想去台东买裤子，于是去找张老师请假。张老师让王大拿与我一起去，还在假条上写了一句话："我本不同意，你和娜娜一起，我就同意"。我不明白这是什么意思。看到假条后，我不想去了，伤心了好一阵子。当交假条时，宿舍管理员质问我晚上要去干什么，为什么张老师还要给我写这么一句话。我不知道怎么回答，只好一笑而过。这件事后，我对请假产生了恐惧，再也没有请过假。

过了很久张老师找我，跟我说起了这件事情，说当时只是开玩笑而已。其实也没什么了，老师能把话说出来我已经很高兴了，过去了就过去吧！得亏在校期间消除了误会，否则，这还成个事了。

郭郭：我们正在慢慢地强大

中考失败，我也叛逆过，讨厌家人，讨厌学校，讨厌周围的一切。愤世的极端，像把我推进了深渊，看什么都不顺眼，永远不会用平静的心态来看待事物，只会烦躁，逃避，却不会试着解决问题。

小时候，我总是盼着长大，偷偷用妈妈的口红，学着扮家家酒，试着穿妈妈的高跟鞋。当真的长大了，却又有些胆怯和排斥，因为长大就意味着我们必须面对一切。是啊，成长是烦恼的，蜕变伴随痛苦。时间是锋利的角，把我们打磨，我们却在慢慢地强大。

今天，我可以自信地笑着，做好迎接各种各样困难，从容面对未来一切挑战的准备。不会再惹父母生气，不会再浪费时间无所事事，不会再为了小事斤斤计较。曾经拥有的，失去的，都是我们值得回忆的。有我们的07级1班，有我们的父母，有我们洋溢的青春微笑，我们什么都不怕。

在成长的过程中，我学会了珍惜，学会了发现，发现这个世界原来并不只有幸福，温暖。之前被父母保护得太好了，像是温室里的花朵，经不起风吹雨打，而现在，我都可以自己打工，自己做饭，自己生活。虽然羽翼尚未丰满，但是我们至少不用依偎在父母的怀抱，让他们操心。

过去就这样渐行渐远，只留下一份对未来的期盼和一声欢呼，我长大了！

勇子：三年的生日都有很多人陪我

高中三年，让我印象最深的就是过生日。这三年陪我过生日的有吉吉、小马、神马、兔子、班长、君君、娜娜……

第一个认识的是小马，军训的时候他睡我下铺，对他印象很深，因为我超喜欢他的刘海。跟他接触这三年，觉得他很仗义，也很"变态"。他最大的爱好就是看动漫，所以我跟他没什么共同语言。跟小马比起来还是吉吉跟我比较合拍。

吉吉喜欢游戏，我跟吉吉玩同一款游戏，我跟吉吉在里面混得还不错，课间经常能看到我跟吉吉在班里的一角讨论游戏。

跟君和神马是因为坐一辆车认识的。每天下午我跟君去哪，神马就跟着我们去哪，但都不是她自愿的，这是为什么呢？因为根本没有她说话的"权利"，我跟君商量好了以后，就一左一右架着神马去了，后来她也习惯了，也变得"自觉"了。哎，可怜的神马啊！

再就是班长，他每年竞选班长都没有悬念的 30 票，全票通过。班长在我们班的威信很高，身为班长的他为我们背了不少"黑锅"，谢谢班长哈！班长最大的爱好就是吃，他的饭量是任何人都不敢想，也想不到的！

然后就是娜娜、兔子、小猪、郭郭，每个人都有一堆故事，一时说不完。蹦豆刚来的时候就像个小学生，那么矮，可是高二放假回来居然长那么高了！可恶，也不跟我商量一下，我们一起长，自己长那么高，真不够意思。哈哈，开个小玩笑。佳佳、君君、神马都进了学生会，工作繁忙了，也没时间玩了。

最后，我想谢谢我们的张老师，是您教会我如何做人，如何办事，如何跟人相处等很多在社会上都能用到的哲理。以前老是惹老师生气，张老师总是很耐心地与我交流和沟通。现在我长大了，不再像小孩子那样处理事了，无论什么事我都会考虑好了再做。张老师，对不起，请您原谅我以前的不懂事。因为家庭的原因我失去了妈妈，我很有幸又多了一个像妈妈一样的老师，在这请允许我叫你一声：干妈！

干妈，谢谢您，我会永远记住您的教诲。

佳佳：这三年里，酸甜苦辣都尝遍了

在这三年里，酸甜苦辣应该都尝遍了。

高一下学期进入了曾经向往的一个组织——学生会，我在组织部。组织部的工作虽说不忙，但一旦需要，工作量是很大的，并且都是细活。虽然忙碌和辛苦，却很充实。

高二下学期，学生会开始换届，一向不争的我却被告知选为学生会主席。这对我来说是极大的挑战。因为下一年负责学生会工作的韩老师休产假不在学校。

学生会主席并不是一个容易当的角色，无论哪方面对我来说都很难。韩老师不在，没有老师指导，确实不知如何是好。工作上不是特别顺利，苦苦撑了下来，只能说是比较平稳。每一项工作我都亲力亲为，有时候感觉喘不过气来。其实，现在想想，有时候自己并不需要那么累。自己累了，心烦了，学生会的工作受到影响，还因为自己的缘故惹出了一些事。一些人际关系破裂，朋友也不再像以前一样亲密。自己当初还天真地认为可以帮助很多人，结果却相差甚远。这期间，我明白了更多，认清了一些事、一些人。可我并不后悔。

高中三年虽然很累，但不失快乐；虽然孤独，身边也依然有人陪。谢谢现在还陪在我身边的朋友们。在这所学校里体验了很多东西，校广播操领操、艺术节在舞台上的演出，让一直喜欢跳舞的我有机会展示自己的独特。07级1班，对我来说是很特别的一个班，有着一种很特别的感觉，感谢这个班级的老师以及同学们，不管是一直以来对我支持的还是有敌意的，我都应该感谢，因为你们让我学到了很多。感谢电子学校，在这里我曾经辉煌过，也失落过，却让我感受到了一个不一样的自己。

成长的这三年，学会了忍耐，学会了坚持。有些东西是生命成长过程中必经的，经历坎坷就是一次成长，一份财富。

吞没了困难和委屈，迎接自己的又是一个晴天。

小和：生活就是吃饭，睡觉，打"老弹"

从前有个村子，问村子里的人一个问题，每天的生活规律是什么？他们会异口同声的说："吃饭，睡觉，打'老弹'。"终于，有一天，有一个人的答案与众不同，他答道："吃饭，睡觉。""你为什么不打'老弹'呢？"他犹豫了一会说："我就是'老弹'。"哈哈，开个小玩笑。

"老弹"同学，从开学给我们的第一印象就是高，瘦，爱打闹。但与同学们闹着闹着就变了性质，变成了"受欺负"。开始"老弹"没有这样认为，后来大概"老弹"感觉同学们不是跟他闹，而是拿他取乐。令我想不到的是，"老弹"他没有翻脸而是忍让。天啊！还有这么好脾气的人。不，不是的。因为"老弹"珍惜同学们的感情，他总是在心里告诉自己，同学是友好的，是跟我玩闹。"老弹"真的是很善良，而且很仗义。我不知道别人是否这样认为，每当我有困难，想到的人总是寥寥无几。可"老弹"是其中之一，这代表什么？

这代表"老弹"是我最好的朋友之一。

人没有十全十美的，每个人身上都有缺点，不能只看到"老弹"身上的缺点，咬住不放。做了三年的同学，应该了解"老弹"。他总是爱吹牛，说些不切实际的话。其实，他吹牛是爱面子，说大话是想逗大家开心。他每次说冷笑话都被大家骂，然后再吹一点，爱护自己面子。"老弹"真是个好人。希望在剩下的一个多周里，好好体会他的善良，把这种善良永记在心。

小鱼：班，原来可以是一个家

从有记忆起便知道我有个"老毛病"——哮喘。妈妈说是很小的时候一次普通感冒引起的。别人家小孩能吃糖，我不但不能吃，还要吃药丸。最痛苦的是连跑跑跳跳也会呼吸困难。发病的时候难受得整晚睡不着，只能去医院打吊瓶。每次过年过节，家人聚在一起，最多的话题就是我的病。大娘总会说，"没事的，长大就好了。"

小时候的记忆里全是让人头疼的中药味。那时每天就盼着长大。长大了，就什么都好了。可以照顾爸爸妈妈，可以吃糖，不用把药当饭吃，也不用打吊瓶。后来妈妈不知道听谁说，吃中药才能除根。于是每天喝三次中药啊！那真不是一般的苦。一开始，喝了就吐，说什么都不肯再喝。妈妈耐心地劝了我好几天。后来哭着喝了第一杯。就这么每天三顿，喝了近三年。还真给治好了。

　　从小学到初中，上学九年，我觉得，班，仅仅是一个班，就是一群孩子，一个班主任。到了高中，突然发现，班，原来可以是一个家，一群孩子，一个"妈妈"。三年里，在这个"家"所学到的东西，可以让我终身受用。这个家教会我责任，教会我独立，教会我分享，教我成长。

　　参加国赛培训那段日子，每天高强度的训练，巨大的压力，我也曾想过退缩。但是当我看到同学们一张张笑脸时，我的心里充满了希望，原来超越自己是这么样的美好！

　　风雨后的彩虹最美，努力后的收获最甜。

　　这也是我成长的一部分，它让我知道了荣誉背后的辛酸，付出后有回报。我会继续努力，争取在全国比赛能再次取得好成绩。

　　你们等着我哦。

君君：脑子里突然浮现了好多张脸

　　这就要毕业了？一切好像才刚刚开始。此刻，浮现在脑海里的不是成绩、奖状，而是同学们一张张鲜活的脸。

169

先说有点傻的班长吧。他，嗯，很成熟……很邪恶……从军训的舍友，到开学以后的对手，假想敌，一直到现在的好哥们，我们都成长了很多。我俩故事，另文叙说，在此不赘述。

想到了不得不说的小团体——山寨版东方神起：喜洋洋是我在这个班的第一个朋友，军训时，他第一个进宿舍，我第二个。他的床在我的对面。开学第一周，他是主持人，我是演讲人。他是第一个被撤的团支书，我是第二个被撤的。他是我辩论赛的战友，也是我这三年怎么气他，都不跟我发火的人；勇子，一个跟我一样能装酷的人，关系好得没话说。他永远像个长不大的孩子。最令我感动的是，下着很大的雪，他在楼下陪我打了一个小时的车，冻得脸发紫；地鼠，微笑永远挂在他脸上，好像所有的事在他那都不叫事，跟他在一起真的很轻松；电子马，听到班里一声奇怪的叫声，不用想，除了他没别人。猥琐的他，却总是能给我们带来欢乐，有他在，没烦恼。

另外，我还有三个"闺蜜"。第一次坐车回家时，车上一群男生，只有一个女生坐在那里，那就是"大蜜"神马。不熟的她，和我们一句话没说。接着，发现她跟我家住的那样近，生日只比我小6天，连名字的读音都和我一样，除了神奇我还能说啥呢？然后发现她和我一样懒，于是我们早上起来晚了就一起拼车上学……败家的彼此终于找到了一个作伴的。"二蜜"娜娜，这三年和她互相掐得那叫一个激烈。或许现在的我们都长大了吧，心照不宣的脸上彼此都是笑容。直来直去的她，当和你"嘿嘿"傻笑时，你怎么能说她不可爱呢？"蜜蜜"兔子，表面，她是最坚强的；内心，她是最脆弱的。她很特别，在一群女生里的她有着最多的想法，最大的理想和志向。生气时，打抱不平的她就是个女侠；伤心时，眼泪只会在转过身之后，才掉落下来。她珍惜她所珍惜的，爱她所爱的。

好了，同位，又到你了。哎，说你点什么好呢？真是的。你说怎么就这么寸呢？为啥就单独把咱俩调到一块去？好不容易要换个位了，抽签又抽到一块了……好吧，我忍了。

话是这么说，可是单纯的你，其实很善良，经常能做出些让我感动的事来。我承认，你其实也挺好的……。

还有一年到头骂人只会一句话，个性直爽的郭郭；转眼能写好几万字的小说，我看了半天没看懂的婷嫚儿；一直有梦想，个性鲜明的舞者小东；不知道吃什么吃的，个头长得超快的我上铺的兄弟蹦豆；表面痞子样，但是实际很有责任感，让人看不透的丸子；我踩了他脚，还跟我说对不起的大哥；一天到晚到处喊着"你打我呀，你打我呀"的老弹；上课看似纪律很好，其实竟坐在那睡着的瀚瀚；班级之星，闻名遐迩的腰哥；忠于魔兽，大赛中斜刺里杀出的"黑马"胖子；笑起来有点像汉奸的小和；性格冲动，直来直往的斌go；有着丰富阅历，思想也很成熟的阿斌哥；能一上午坐在位子上不换姿势，心里却想着很多事的凤儿；八面威风，一本正经的学生会主席佳佳；敢想，敢做，还敢表白的子健；被老张拿着扫帚追着满教室跑，站在教室前面唱《水手》的小猪；举手投足老板范儿的小泽；默默无闻，一成不变的顺子；忙碌穿梭于学校楼道里，给老师们排忧解难的"黑客"；还有新转来，神出鬼没的胜哲……

最难忘记的就是老张，不听话的我们，真的让她满意了么？当春去秋来，她走向试验田，亲手将一颗颗果子摘下，除了喜悦，心里更多的是否会是不舍呢？她有时其实比我们更像小孩，比我们更容易冲动，也比我们更感性。喜欢她的一点点固执，喜欢她的一点点洒脱，喜欢她的一点点顽皮，喜欢她的一点点执着。有时她会故作生气地冷下脸来，象征性地发发脾气，因为与我们太过亲近了，早就把彼此当作了亲人，我们已经不再害怕她了，于是我们也象征性地老实下来，呼应着她，彼此收场，心照不宣。可是，突然发现，我们这帮孩子，就要离开她了，她或许很担心我们吧？可是，比起她来，我们更担心她。老张，我们都走了，留下你一个人，不会孤单吗？

其余的也不多说了，老张，你明白的。最后两个字，太轻了，但是，我还是想从心里面说，谢谢！

凤儿：我认为我会做的和他一样好

我很想再提两个人，那就是我入学的第一个同位小马，还有前段时间的同位兔子，都是和他们做同位后才开始真正了解的人。小马是个非常单纯的男孩子，平时疯疯癫癫，挺活跃，但也有细心的一面。我们喜欢叫他小马，因为这样比较亲切。他喜欢开玩笑，喜欢热闹。虽然刚开学时表现得很让老师头痛，其实他还是乖的，不打架，不惹是生非。我发现他心灵手巧。记得他曾说过，他像他的妈妈，手很灵巧，做细活最拿手。后来，因为宣传栏需要人修剪素材，我举荐他来帮忙。渐渐的，他的这个优点被所有的老师同学认可，我很欣慰做了一件好事。兔子，我印象中的"大姐大"形象的女孩，开始感觉她好难相处，总有某种距离。相处时间长了，我才发觉她很善良，很开朗，那种距离感也渐渐消失了。

当老师要我顶替君君担任公物委员的时候，我没有拒绝，因为我认为会做得和他一样好。直到现在，我都一如既往着我的本职工作。这个活说来简单，责任还是挺大的，也有些琐碎。主要管班费、公物，还有桌椅板凳的摆放，卖瓶子等等杂事。

班级管理改革后，分配给我三个"兵"，他们的主要任务是帮我一起完成那些琐碎的事情。腰哥，一个普普通通的同学，他给我最深的印象就是喜欢自言自语，喜欢联想。他的自言自语，是说给自己听，不得罪人，说到自己舒心就好，说出来会比憋在心里舒坦，算是一种宣泄。对于联想，他则认为自己有预言先知的第六感，不管好事坏事，自己的心里都会有种潜在的意识和想法，说是挺准的。"大哥"，是我最得力的一名助手，勤勤恳恳，任劳任怨，他主要帮我卖矿泉水瓶。盒子很重，他总是不要我插手。一个人很努力地搬来搬去，让我好感动。接下来我该表扬表扬胖子了，虽然他曾是我们这组人里面最懒散的，但是在我的督促下，他也很努力，很配合我的工作，直到他被学校选上去参加技能比赛。有一点点遗憾，再也看不到我在门口堵着让他干活，他那傻乎乎的笑容。我很感激你们每一个人，在我最无助的时候，是你们在默默地帮助着我。

对于那时候的我们，没有人能写一个准确的定义去判断什么是对什么是错。我也犯过错误，错在自己的一意孤行，错在放不下那些没有必要的懊悔。

三年，我真的有好多话想说；三年，历经了胜似一生的开心，背叛，寂寞，愚蠢，矛盾，不舍，坚持，直到坦然。总有一天我们发现自己长大了。什么才算长大？就是当你想起曾经的蠢事会气得发笑，想到了更好的办法来处理，却有一点点后悔的时候。

最后，我想送给我爱的人和爱我的人一句话：如果我们还能同行，请让我相信，你们还是需要我的。

小马哥：高中三年确立了我的国士无双之路

我一直相信自己走的是国士无双之路，从我懂事到现在，我一直相信，高中三年更使我坚信。

其实每个人一出生都有属于自己的一对翅膀，只要稍微挥动便能在天空飞翔，但是只有少数人挥动了自己的翅膀，而多数人都渐渐遗忘了那对翅膀。看到别人在天空飞翔时才想起自己原来也是有翅膀的，只是遗忘了而已。我的名字叫腾飞，其实一直想改个名字，因为这名字没什么感觉，什么腾飞？没有翅膀飞得起来么？

我这人比较极端，但到目前为止没有做过让自己后悔的事情。即使错了那也是自己的判断出了问题，后悔是没有用的，只能继续走下去，不像游戏，一步错了可以无限重复，直到找出正确的路线。

高中三年我成长了很多，包括性格、身体、精神，这让我能更好的走自己的"国士无双"——独一无二之路。世界上每个人都应该是独一无二的，为了生活得更好，就要借鉴别人的经验，这样自己独特的东西就会越来越少。如果不管自己开不开心，高不高兴，有没有兴趣，硬是强迫自己，不被这个世界淘汰，与其让我这样活着，我还是选择去死。我感觉这样活着和行尸走肉没什么区别。我不想被各种东西束缚，我要完美的展现自己，毫不隐藏自己的优点、缺点，走自己的路，不模仿别人，做世界上独一无二的自己，国士无双。

我走的这条道路就叫翼之道。

高中三年我确立了我的国士无双之路，谢谢三年让我成长，陪我见证的朋友们，我过得很快乐，没有常人的烦恼。我还会继续走下去，让新的朋友陪我一起走下去。

翼之道就是表现独一无二的自己，绝不后悔，绝不放弃。

兰肃：回味起来，真觉得好幸福

记得刚到青岛电子学校的时候，我对周围的一切都感到那么陌生，甚至连这边的食品有一些都闻所未闻。可如今，我不仅长大了，对周围的一切也熟悉得如同自己的故乡一样。

三年的高中生活，回味起来，真觉得好幸福。可能是因为我要离开了，所以突然变得很感性，写着写着鼻子开始酸酸的。因为有太多值得回忆，值得纪念的美好时光，比如说我们全班一起去郊游去踏青的时候，一起去爬山去看海的时候，好幸福！一起去唱歌去嚎叫的时候，好幸福！一起做饭一起忙活的时候，好幸福！一起拜把子喝酒的时候，一起给朋友过生日的时候，好幸福！

三年来我的收获很多，而其中最珍贵的无非是那些在身边帮助支持我，把我从游离的状态给拉出来的人。郭郭、小鱼，我真的很感谢你们俩，刚到学校的时候，什么都不懂，更不懂得与人交往，所以无论是在宿舍还是班里都没有朋友，是你们俩的陪伴让我感受到了温暖。我真的发现我长大了，不仅从外貌上有了改变，在性格上我也觉得成熟多了。

不管这三年来我遭到多少痛苦，我的收获还是会帮助我不断成长，不断坚强。不管这三年来我流过多少眼泪，它会化作力量，让我的笑声越来越大，哭声越来越小，哈哈哈！

　　加油07.1！加油！

喜洋洋：由动漫我又喜欢上了日本的音乐

　　转眼三年过去了，这三年经历了痛苦，迷茫，再痛苦的阶段。

　　一年级的痛苦是因为没考上高中，苦闷了一年。二年级的迷茫是因为不知道要干什么。三年级的再次痛苦是因为要跟张老师快要分别了（有点假，嘿嘿！）。

　　这三年中还是有很多愉快的事情，结识了好多朋友，这些狐朋狗友基本上包含了全班的同学。

　　啊！我万恶的同学们，让我们上了大专后再走着瞧！

　　这三年做的最多的事，基本上是看动漫（其实我花在魔兽上的时间还真不算很多），当然是被咱班的某人带进去的，进去后就出不来了。但是，我也知道了萝莉、御姐、正太、腹黑、傲娇、三无、怪蜀黍各种属性，变身成为一个宅男。

　　由动漫我又喜欢上了日本的音乐，而且尤其喜欢日式摇滚。因为我觉得日式摇滚正符合我的风格。我也知道，有很多人不喜欢日本，可是，艺术没有国界，听听日本的音乐是什么样子，跟咱们的那些所谓"蝴蝶飞飞"、"老鼠爱大米"等比较一下，到底哪个好听？啊，不自禁说了这么多，跑题了。

现在，毕业跟同学们还会在大学见，但是要跟张老师分别了，所以没有过多的写同学，而更多的倾向于写给张老师。在此，我想对张老师说一句："老师，这三年来让你费心了。

兔子：要离别了才发现，我很爱大家

记得高一刚入校的时候，面对一个班只有8个女生的状况，有些不知所措，不知如何去融入这个集体。庆幸的是，三年过后，我收获了许多的朋友、许多珍贵的友谊、许多的记忆。这些都是我珍贵的财富。

我是个大大咧咧，有什么说什么的女孩，可能有时候说话会伤害到谁，过后也很懊悔，在这里说一声：对不起！也谢谢老师和同学们的包容，包容我的坏脾气，我的幼稚，我的孩子气。特别要感谢一下张老师，您给了我很多的帮助，在我要犯错误的时候会及时提醒。也许有人会说，这是责任，其实，这是您的爱，您也给了很多我想要的东西。谢谢您，我们大家都很爱您。

这三年让我学到了许多。刚入校担任了宣传委员。开始，有些茫然，从第一次黑板报到处找人帮忙，到蝉联优美教室，我开心着，骄傲着。高三接任了团支书，更是一个快乐的任务。羽毛球比赛，郊游，以自己的付出换回同学们快乐的笑脸，很开心。

我变了，从一个容易发脾气的孩子，变成了一个能微笑从容面对一切的大人了。我的一只脚正在小心翼翼却又充满期待的踏入社会中，仿佛在探一下洗澡水的温度，紧张却又兴奋着。然而没变的是，我还是那个能勇敢面对困难，遇到困难不低头的倔强的女生，不同是多了一份成熟。

舍不得老师，舍不得一些还留在电子的朋友，舍不得这里的一切。我是个容易感动的人，要离别了，才发现，我很爱大家！

吉吉：肯定是我自己的问题

我们的班级是一个自主民主的班集体，同学们当家做主，老师只是在我们不对的时候加以纠正。这使得我们有很多自由的空间，当然自由多了很多时候也会出毛病。有的同学会及时改正，有的同学就会要老师教育甚至多次教育才能改正，在这其中班主任张老师付出很多很多。

我还算是比较乖的，三年中唯一跟老师发生的小小冲突就是关于学习数学。我不愿意学，还跟老师顶嘴。我实在是学不进去，到现在还是。我挺后悔的，老师对我好，我却对老师出凶样。其实我不是凶老师，我只是讨厌数学，谁跟我提数学都这样，我是真"吃"不进去。于是，我就开始用英语来弥补一些。我在英语下功夫就是填补数学亏空。在中午同学睡觉的时候，我都在学英语，直到换了个英语老师我的兴趣又跌到了低谷。这个英语老师说不出哪里不好，反正就是不喜欢，肯定是我自己的问题吧，于是我就开始自学英语。直到现在。

行了，就这样吧。没有语言天赋，挑点好的写进咱的书吧。哈哈！

神马：我慢慢发现了我们班的美好

高中刚报到的时候，看到一个陌生的环境、一群陌生的人，说实话我没有太多的兴奋与期待，反而有一丝害怕。

我想我应该是一个慢热的人，一本书上说过，典型的金牛座，外冷内热，对陌生人冷淡，对认定的朋友会很热情（呃……好吧，我对陌生人还是比较害羞）。

虽然比别人慢点，我还是慢慢适应了这个班级，发现了我们班的美好。

刚开学老师要选班委，因为入学成绩好，老师让我当了学习委员。这对我来说，还是比较新奇的，因为，上了这么多年学，我还没当过班干部。刚开始还真不知道怎么干，后来也就糊里糊涂地干了下去。这一干就是三年，也不知道大家觉得我干得好不好，不过我还是会善始善终的！

工作最大的挑战是记录班级量化分。这是个得罪人的活儿，加分的时候没人找，如果扣了他的分，就会有一些不满。我也为这些事烦恼过。不过慢慢地，我觉得其实不需要为这些事过分苦恼，只要我公平，公正，公开地记录，对有疑问的同学，就耐心告知，因为什么原因扣了多少分，这个工作就一点也不困难了。

其实，同学们还是蛮配合的。

小东：有了自己喜欢的事情做

军训要剪发，这是我最不能容忍的。我搞不懂为什么其他人能这么淡定，排着队一个一个剪。当排到我的时候，我自己站了出来，跟电影里一样，用食指在自己脖子上从左划到右，"剪发？不如杀了我，就从这，一刀……"于是，我成为本年级第一位被教导处"问话"的学生。

开学后，我很长时间不能融入这个群体。心想，我本不应该在这里，我本应该怎样怎样，我有自己的乐趣，自己的爱好，玩自己的便是。然而这种想法，在慢慢地改变着。改变我的，正是我们班主任张老师。张老师是一个跟别人不一样的老师，她喜欢跟我们聊天，跟我们讲故事。每次上语文课基本都是聊天的方式，并通过这种方式，使我们全班不知不觉中学会了学习，学会了彼此接纳。而这种方式，恰巧正适合处于叛逆期的我们，于是，我们慢慢喜欢上了这里的一切，原来上课闷头睡觉的人，也开始翻书本了。

后来，我们都找到了朋友，并且都有了自己喜欢的事情做。

我在第二年时候，接触了跳舞，并且爱上了跳舞。我本是散漫成性的人，生活无目标，无动力，跳舞让我有了梦想。想成为舞者，并以此为职业，于是我就开始考虑是否要接着念书。但同时，我也第一次有了不舍的感觉。三年前，我对学校没有一点留恋，只想着越早离开越好。而今天，为了梦想，我知道我会离开学校，离开亲爱的老师和同学，全班只有我自己，选择中途离开，会有很多遗憾，因为我已融入这个集体，我还没有真正的与同学好好交流。

但不留下一点遗憾，又怎么会回头去想呢？生活没有完美的，有了遗憾，才会让未来的路走得更好，才会珍惜。

顺子：数学课代表对我而言是一个考验

记得入学的时候，我是一个不太爱说话，不愿意与人交往的人，毕竟是到了一个新的环境，一点都不适应。因为这个缘故，开始我的朋友圈子很小，时间长了便适应了新的环境，也就放开了。

我觉得这三年对我影响最深的，应该是我当数学课代表的那一段时间。数学课代表对我而言是一个考验，毕竟是人生中的第一次。记得第一次上讲台给大家上早自习，我很害怕，所以那次很长时间是背对同学说话的。我想克服这种恐惧，可是想不到任何方法。虽然张老师提醒我面对着大家讲，我只坚持一小会，就又背对着大家讲。在经过一次次在讲台给大家上早自习后，我不像原来那样紧张害怕了，渐渐放开了。虽然并没有完全克服胆怯的心理负担，但比从前有了很大的改变。没有继续干下去，我很抱歉。

在以后的日子里我会继续改变自己，当然我也不会忘记在电子学校三年里与同学、老师所发生的事，它会成为我最宝贵的回忆之一。

丸子：欢迎来到我们的班集体

这三年我学会了许多东西，如篮球、开车、恋爱和责任。

我是一个灵活的人，我热爱体育和音乐，我会在嘴巴上惹麻烦（当然也会得到相应的惩罚），但我会把这些当做提升自己的锻炼。因为我答应了某个人，我想说话算话，想变得更强！

刚来这个学校的时候，没有了初中时的自由和惬意，也没有伙伴和我一起调皮捣蛋，说实话我不太适应。有时候我极力表现自己，但是心里还会犯嘀咕，为什么会选择上职高？为什么会选择电子学校？幸好我转变态度比较快，适应能力也挺强，没有走逃学那一步。后来我又打起了篮球，我喜欢高强度的对抗，还常和几个同学旷课去操场打球，因此我们没少挨批评。那时候都不往心里去，别人是左耳朵进，右耳朵出，可我是左耳朵连进都不进。因为，那时候我只想着如何去玩，如何让自己更快乐，别的事都不会去想。

高二我成了班里的"表演家"（张老师封的），得到了同学们的欢声笑语，却失去了信任，自己有时却不以为然，沾沾自喜。通过老师的多次教育，我知道自己做得过分了，所以必须做出调整，因为是时候了。那年我迎来了十八岁生日，学会了开车，我已经长成大人了，不再是个孩子，我会把每一天都当做是将功补过来对待。可是我毅力不够，还是会犯错误！

高三我有了喜欢的女生，谈起了恋爱。每一天我都问她我表现怎么样。她对我很好。因为她，班主任张老师和我有过一次很认真的谈话，老师问我为什么要和她在一起，原因只有一个，因为我喜欢她，我想对我们的感情负责。

　　感谢张老师在这三年里的教育，虽然总是喜欢打击我，但您确实是一位好老师，我不是在奉承您，至少爸妈会在外人面前夸我懂事了。

　　快毕业了，我写了一首歌，送给全班同学：

《欢迎来到我们的班集体》

　　欢迎来到我们的班集体，我们有着很强的凝聚力，你帮我来我帮你，不抛弃也不放弃。

　　毕业考试大战在即，我们都在努力考个好成绩，考不好也不笑话你，因为我们都是兄弟。

　　"终极一班"从此一条心，不管多困难也不离分，只要有难大家一起挺，这是我们心中的约定。

　　张老师我们都谢谢您，很快我们就要告别您，毕业之后谁都会哭泣，就让眼泪化作感谢的思念雨。

黑客：成长真不是一件轻松的事

　　高中三年，经历了19岁的雨季。曾经在迷茫中叹息，又在平静中寻找自己，在迷茫与平静中我们长大了。于是，开始习惯用自己的大脑去思考周围的一切，也许这种思考是肤浅的，但我们这一群骄傲而不盲从的孩子，渴望用理智与成熟告别曾经的年少懵懂。

19岁是一个结束，也是一个开始。这一刻，在得到与失去的交替中，在追求与放弃的转换之间，我们感受着快乐，也经历着痛苦。几乎所有的痛苦都源于对梦想的追逐。当我们经历了无数痛苦实现自己的梦想后，总算体味了欢乐，这才明白：痛苦，常常孕育着快乐的种子。成长本不是一件轻松的事，痛苦也不一定是坏事，当现实无法改变时，我们要适时地改变自己。因为我们深深地爱着这个世界，这个幸福、温暖、爱与痛苦交织的世界。

在成长的过程中，我们学会了发现，学会了珍惜，对于我们心中那些解不开的小小的结，我们学会了淡淡一笑，去欣赏它的缺憾美。因为我们知道，只要洒脱地转过身，就能寻找到新的美丽的风景。

瀚瀚：最美好的记忆是中午抢饭

三年时光，最难舍的还是我的好友。

子健是那种为朋友两肋插刀的人，宁肯自己吃亏也不让朋友难做。记得刚入学的时候，我习惯独来独往，既不接受别人的东西，也不主动跟人交流，总是习惯板着脸。那天子健买了一些小零食回班，我没在意。他却拿了一包递在我面前，我如往常的说了句"不要"，但他却没有拿回去，依然放到了我面前，说道："快吃吧，不吃不给我面子，是不是朋友啊"。

从此一发不可收拾。一来二去的，大家就熟了，成为朋友。

子健单纯，他是不掺任何目的帮别人。夏天，排练话剧，大家热得浑身冒汗，他主动出去买了好多冰棒，分给大家，什么也没说，一人一支。我感谢子健打破了我内心的寒冰，从他身上学到了两字：分享。

班长是我 QQ 上第一个不是网友的人。他的特质很难说清楚，非要用语言说的话，就是细腻吧。他的关心总是那么及时。记得一天我病了，没上学，也没上 Q，班长一通电话打过来问候我。虽是小事，但足以暖心。

最美好的记忆，大概是每天中午下去抢饭的那会儿吧。一放学，就疯了一样往下冲，吃完了，就拼命地往回赶。我们还美其名曰"饭后运动"，有助于减肥啊……

斌 go：在这儿我学会的是课本上无法承载的东西

三年间，我的表现一次次的让老张失望，她说过，想过放弃，但最终没有。她是用心在付出，用真诚感化着我。其实现在我想说，我在做某些事情的时候，多数都是故意为之，目的就是为让她教育我。

我喜欢和老张谈话的感觉，因为没有哪一位老师像她那样真实地用心和学生交流，真诚地付出。但有些事情我做得过于残忍，让她失望至极，我非常惭愧。但我也非常高兴曾经做了那么多的坏事，正是因为那样，老张才对我有了更多的付出，我才有了更多和她谈话的机会，才让我有了如此美好的回忆。

我想说，对不起，老张，让您对我付出过那么多，辛苦您了！

但这也是我骄傲的地方，因为没有人会做到像我这样。虽然我成绩不好，但这并不重要，在这儿我学会的是课本上永远也无法承载的东西，非常珍贵。

这三年，是我将珍藏一辈子的三年。这三年，让我舍不得！毕业后，我想我们也要一直有联系。同学们，若有想不开和不开心的事就找我吧，我会开导你的。哈哈！我想我有开心，不开心的事情一定会去找你们的。或喜悦，或悲伤，这些并不是最重要的，重要的是我们要一起分享，共同承担。

婷嫚儿：在你身边

《在你身边》

三年前我们带来了不甘，
看着一张张陌生的脸，
谁想到会成为三年来彼此的时间。
三年来，只要在一起，
就是要有欢声笑语，
那是我们共同的心意。
三年的时间转身即逝，
看到了么，我们32个人，

没有人中途离去。

百年修得擦肩过，

便是这千年的祝福将我们凝聚在一起。

马上就要离开电子，

我亲爱的姐妹兄弟，

尽管有很多的不舍，

我相信我们都会勇敢地走下去。

也许以后相隔万水千山，

看到相册上那32张幸福的脸，

感觉你们就在身边。

像一家人一样地甜蜜美好，

我亲爱的姐妹兄弟，

不要忘了我，

不要忘了我，

不要忘了我们的欢声笑语，

那是我们抹之不去的回忆。

胖子：艰苦的训练让我学会了吃苦耐劳

高三快毕业了，我本来想跟着他们玩玩得了，贪玩儿的我直到临近期中考试的时候才发现我的学分不富裕，不好好学习，毕业都成问题。这时候"师傅"给我指了一条明路——来参加比赛吧，比好了还有奖金。于是我就糊里糊涂地跟着"师傅"去参加学校技能大赛的"海选"。影视后期制作项目共选出八个人，其中有三个是我们班的。

海选过后，我们就停课培训了。我一直对停课充满向往，终于可以不用上课了，天天对着电脑这真是太爽了。刚刚停课的第一个月，我们就来做点小东西，累了就看会电影，聊会天，那一个月是我最爽的高中生活了。一个月过后辅导老师停课了，于是对我们进行了"惨无人道"的疯狂训练。我们向往的寒假也随之泡汤了。寒假里天天来培训，同学们都在家玩得自在。嗯，这又把那一个月找回去了。

寒假过后，我们准备参加青岛市比赛。老师派出了我们班三个同学和一个动漫班的参赛。出征成绩不错，青岛市前四名里有三个是我们学校的，这三个全是我们班的同班同学，我感到很自豪。我们三个也有幸参加了国赛的选拔，最后小鱼同学要代表我们学校参加全国比赛了。

祝小鱼在全国比赛中取得好成绩！

我对这件事感受非常深，艰苦的训练让我学会了吃苦耐劳，长期的训练也让我们学会一些专业技能，同时去参加比赛也让我感受到了竞争的激烈，以后的道路会更加崎岖，我要坚持努力！

小猪：我会保存，备份，加锁，转存到大脑

开学的第一天，老师就给我们安排了同位。胖子是我的第一个同位，在相处几天后，我们开始滔滔不绝地说话，不管课上课下，从没间断过。第一次没收手机也是因为他。

由于不断地说话老师看不下去了，给我们换了新同位。

斌 go 是我的第二个同位，也是时间最长的同位，和他的感情也最深。平时都称呼他"斌狗"。

刚与斌 go 同位的时候觉得他很冷漠很少说话，但是，慢慢熟悉起来，发现他很能闹。平时上课，我们用书挡着脸，拿手机趴在桌子上一起看 NBA 篮球直播。看到有好球的地方我会突然对斌 go 说："我像不像小麦蒂？"还没等说完，斌 go 很快用一种犀利的眼神对我说："行不行，篮球能不能虐死你？"

下课就赶紧抱着球跑到操场去打会篮球，来兑现上课的承诺。一般的结果可想而知，斌 go 都是被我虐得灰头灰脸地就回教室了。

在一起时间久了也会有矛盾。在冬天斌 go 老是喜欢开窗，有天早上风很大，吹得屋里很冷，冻得实在不行了就叫斌 go 把窗户关上，但是他不听，我已经说了好几次了他就是不听。我有点生气乱说了几句，自己去把窗户关上了。按照斌 go 的脾气肯定会不服气的说几句，但他什么也没说。这一天我们一直打冷战谁都不先说话，到了放学还是斌 go 先说的话。在放学的路上谁都没有提这件不愉快的事。这件事过后我一直没好意思说声对不起。虽然过去了好久，他可能已经忘记了，但是我还想说一声："斌 go，那件事对不起，那天有点冲动，别在意。"

能认识斌 go，跟斌 go 交朋友，高中三年很值得。

第三个同位是小东，因为他脸的左下角有块胎记像某伟人，于是大家都叫他小东。第四个同位是腰哥，也就是传说中的"妖哥"。能跟"妖哥"一位很荣幸，能近距离的欣赏"妖哥"别具一格的风采。

第五个同位是瀚瀚，我叫他"死胖子"，他一直让我改口，但是我一直没照做，快毕业了给你次机会叫你声好听的，瀚瀚。

和瀚瀚做了半年的同位，还以为会一直做到毕业，但是高三下学期还是换了同位，就是婷嫚儿。婷嫚儿平时吃饭跟嫚儿一样慢。

婷嫚儿是最能欺负我的同位，而且是经常欺负。与婷嫚儿同位上课一定要保持精神集中，是集中在他身上，因为他会随时戳你一下，让人很无奈，我不跟他一般见识，退一步海阔天空，忍忍就过去了。

转眼之间即将毕业，有好多的舍不得，好多留恋。我多么期望与每一位同学做一次同位，同位的感情是很深的，很多事难忘记。

我会把这三年来的经历，保存，备份，加锁，转存到最重要的地方——大脑，让这美好的高中生活无期限地存储在大脑里，永远都不会忘记，因为在这里经历了好多，成长了好多。

阿斌哥：高中三年，把我从未成年熬成了成年

高中三年，把我从未成年熬成了成年。上学，恋爱，打工，交友，社团活动，这三年，基本上就是在做这些事情。

打工，是我高中这三年，做得最多的事情，还好，不管去哪里打工，我都没有丢人。积攒社会经验，我认为尤为重要。在社会的最底层，能够看到很多东西，不管是你喜欢的还是不喜欢的，你都必须接受。真的锻炼了自己的能力，也让我看明白一些事，在这个社会，只有逼迫自己不断地强大，才能够在这个社会立足，才能变成这个游戏的主宰者，才能够保护你身边应该保护的人，让他们都幸福……

恋爱，我认为是我们这个年龄，一定会经历的事情。我很庆幸，有一个开明的班主任，没有阻止我。不管以后会不会一直走下去，都无所谓了，最珍贵的是回忆已经保存下来，这辈子不会忘记了。

再回首高中交往的人，小泽是和我一起最长的同位，从高一刚进校就每天和我说要转校，转校，到现在却即将和我一起毕业。

　　刚见到他，总是拖着即墨腔说话，感觉蛮怪的，后来才知道，原来这也是一种时尚。基本每过几天，就会和我说，要转校了，都办好了，要去城阳某个学校找某位女子……那时，我们已经相处了一段时间，有些依依不舍。一学期过去了，他始终没有走，两学期过去了，他还没走。现在想想，也许，他早已爱上这个班级了，虽然到现在，我俩都没有说这个事。

　　还有张老师，三年来，真的很感谢您，您教会了我太多东西，也让我尝试了太多东西。尝试过，就有收获，就会更了解自己，至少，我不会再那么傻了。这学期的我们，有些放纵，那天您的眼泪，唤起了我们，因为这个班级太感性。在您流泪的那一刻，也许您并没有发现，很多同学低下了头，我不知道那是自责还是后悔，但是，我想现在告诉了您，您也会欣慰了：您的眼泪不会白流，我们，在以后的日子里更不会让您失望，正像您说的，我们是终极一班！

　　这三年来，真正留在记忆的还是和我一起上课，一起吃饭，一起欢笑，一起悲伤的同学们。现在都怎么样了呢？是不是还是跟我一样，偶尔感到美好，有时觉得凄凉？会不会从此，各奔东西，散落在天涯。很多人，很多事，都将定格在那些日子里，成为记忆的抽屉中不变的永恒。

　　（PS：我还是要告诉张老师一件事情，您真的已经像我们的妈妈一样了，融入了我们的生活。我想，在我们有事时，第一个想起的人，永远会是您。）

小泽：这个班级每个人都是"老大"

一堆沙子是松散的，可是它和水泥、石子、水混合后，它会比花岗岩还坚韧呢，因为他们融入了集体。三年高中生活就要结束了，曾经的快乐和忧愁都会成为我们美好的记忆。

三年里我们07.1班每个人都在改变着，都向着自己好的方向发展。我们非常喜欢我们的班级，因为这个班级每个人都是"老大"，什么事情我们都是大家商讨，班级的一切管理都是经过研究才定下来，在这样一个开明的班级里，我备感自豪。

刚上高一的时候，因为暑假玩散了心，对学习一点兴趣都没有，便开始厌学。军训的时候就有了不想上了的想法。但是慢慢地在这个班级里上了几天觉得挺好的，渐渐地开始喜欢上了学校的生活，也渐渐习惯了离开家在外面上学的这种生活。人说生命似洪水奔流，不遇着岛屿和暗礁，难以激起美丽的浪花。在这里我们有过矛盾，有过冲突，但更多的是我们在一起的快乐。

人生犹如一本书，愚蠢者草草翻过，聪明人细细阅读。无论如何，只能读它一次。所以我们要走好人生的每一步，不光为了自己，更多的是为了你爱的还有爱你的人。

子健：我不再想逃

樊凡有一首歌，叫《我不想逃》，是小泽看完《蜗居》后推荐给我的。一听这首歌，便有感触，一听便是 N 个月。

曾经的我，是怯弱的，因逃避而错过了一个又一个的机会。逃避，这个词在我身上千斤重。但这三年来，不知从哪天开始，我发现我不再是一味地逃，而是试着突破，试着触碰成功的边缘。

有些人或事，机会摆在面前的时间或许只有一分钟，半分钟在犹豫，后二十五秒在斗争，最后五秒赶上去。抓住了，没有留下遗憾……

"我不想逃，成长就好，我知道你的味道抹也抹不掉，不如放肆地笑，勇敢回头看曾经的美好，我都知道，成长就好，这一切并不算糟糕，为何要忘掉，不如用心去记牢，我没有烦恼，我不想逃。"

现在，我正"悄悄"地实行一个突破性的事件，并且告诉自己，只许成功，不许失败！

老弹：从没赢得这么爽

我觉得高中三年玩得最爽的事之一就是高一也可能是高二的乒乓球比赛，我五战五胜，从没赢得这么爽，就是三个字爽！爽！爽！

别人见我长这么高都以为我打篮球，没人知道我会打乒乓球，所以，比赛那天一见到我打乒乓球他们还纳闷。就这样，我出其不意赢了个大满贯。

我从小喜欢玩球，各种球类都喜欢。但篮球或许没天赋吧，我有时候去和别人打球的时候，他们都看我很高觉得很厉害，但是一打起来就全暴露了，我很纳闷为什么三年我的篮球水平一点都没长进呢？不谈篮球了，还是谈足球吧。小时候踢球人送外号银左脚，当然还有个厉害的叫金右脚，我俩配合默契。我觉得三年"大哥"对我足球影响很大，他常常教我一些足球过人技术，还有一些球星的踢法。我觉得"大哥"这人很仗义。小时候我不知道什么叫仗义，常常嗤之以鼻，但现在看到"大哥"我就知道什么叫仗义了。

高中三年不知换了多少同位，说说我高三的同位"猴子头"小和吧。第一次见到他时觉得他冷冷的，面无表情，但越和他接触越发现他挺像猴子的，平时也和猴子似的很能闹，安上条尾巴简直就能去花果山了。闹着，闹着就成朋友了。

三年就这么过去了，不禁感叹时间过得真快，但我仍然觉得三年过的还算充实吧。

班长：最后的疯狂

经过两年惨烈的篮球赛，最后的疯狂在第三年，也就是最后一年，我们看到了曙光。

我们终于可以不用跟07.3班打了，他们班实习去了。经过我的精密计算，我们班最终可以成为全校前六强之一，这是多么让人兴奋的事情啊！

第一场比赛对手08.9。这是一场让我感觉很难受的比赛，虽然赢了，但大家表现都不是很好。可能是第一场比赛没进入状态吧。当然这些事情只有我们少数几个人知道，有的同学一直到第二天中午才知道我们胜利的事情，然后一副惊讶的表情，不过我们看这表情看了一天，也就见怪不怪了。

第二场比赛对手09.9，这是一场没有太多观众（不超过5个）的比赛，问同窗为何不来助阵，同窗曰："一场已经知道结果的比赛，看了也没意思"，听了怪纳闷的，也没有细问。这是一场没有什么看点的比赛，输得太多，最后我站在后面不愿意往前跑了，当然本场比赛我也得到了不少"欢呼"（自摆乌龙）。

第三场比赛对手08.3，开场我就下了，中途又上去了，上去没怎么打球，人倒是打了不少，完败。

第四场比赛对手08.8，这是一场不应该输的比赛，当然如果不是我们的主力被我们自己人处理了。打得蛮艰苦，在中场不停地折返跑。跑了大约 20 分钟左右，下场的时候还满身汗。

第五场比赛对手 09.10，这是一场我都能一条龙的比赛。防守很轻松，进攻也很轻松，完胜。

我们的比赛喝彩少，嘘声多；我们的比赛赢的少，输的多。不过这又有什么关系呢？我们只是为了自己而战斗，不再为了别的，只是为自己。

腰哥：人活着就要活出自己的尊严

07 年的 8 月 26 日，下午 2 点 30 分，这是我第一次踏入电子学校大门的时间。我记得我穿着一件白色的 T-shirt，第一次见到我们的新班主任——张老师，她是一个很有责任心的老师，也应该是对我最好的一个老师了。

张老师一直以来对我都不错，她最不能容忍的事就是撒谎了，她经常教导我们，做错事并不可怕，可怕的是说谎。"认真做事，诚恳为人"八个字的班训，三年来我都记在心里。大多数人还是喜欢诚实的人，所以，我一直坚信做一个诚实的人，只要不去侵犯别人的利益，别人也不会给你找事的。

三年来，我从一个人奋战到现在身边有了几个好朋友，与我一起接受命运的挑战，我很幸运。我特别感谢生活部这个小部门，更要感谢部长凤儿。我们在一起工作了三年，她给我的帮助也是比较多的。她的话并不是很多，也从来都没有官架子，她是一个以身作则的好干部。

我是一个喜欢自由的人，有时想的一些事情跟别人不太一样。我不太习惯按常规办事，因为每件事情都有不同的解决方法，若一切都按部就班就没有挑战性，也就调动不起对工作的积极性了，所以我选择了暂时离开，回到个人的小空间里享受一下。或许会有人说我自私，但我觉得，毕竟有些事情还是要自己解决的，因为我不太习惯把心里想的东西表达出来，所以，只有自己来解决问题。我也不太习惯随大流，我一直认为人活着就要活出自己的个性，自己的尊严，倘若一个人没有尊严，他活着也只是苟且偷生而已，没有任何价值。

再有两个周，就要毕业了，还真有点舍不得这些陪我三年的老师和同学们。也许值得纪念的事情不多，至少还有这段回忆够深刻。我会牢牢记住老师和同学们对我的帮助和信任，我相信我会越来越好，会走好我的人生路的。

大哥：那天晚上，我们都睡不着

我永远不会忘记2008年7月23日这一天。因为在这一天，北京奥运会圣火传递活动来到了我们美丽的海滨城市——青岛，而作为学校的"先进班集体"，我们也被推荐去奥帆基地充当旗手。

对这项光荣的任务，学校非常重视，要求当天凌晨三点半就到校，来准备迎接这个国际盛事。我也非常渴望为奥运尽自己的一份力。

由于当时我住在大姑家里（大姑出国了），她家离学校非常近，所以很多同学在前天晚上都来到了我大姑家，提前为第二天凌晨的到校做准备。那天晚上，我们都睡不着觉，围桌子打了一晚上扑克牌，说了一晚上的话。我们都非常期待圣火传递活动。我怕第二天犯困，还专门喝了一包咖啡。那天，我是一分钟都没睡……

事实证明，熬夜确实给我精神带来了较严重的影响。当我们三点半赶到学校的时候，我的头脑还算比较清醒的。可是随着时间的推移，我就越来越不清醒了。毕竟是四年才一次的大事，过了这次我还不知道以后有没有这样的机会了，所以我拼命保持对这件事的热情。本来充满了期待，现在回忆那天发生的事，我已经几乎一片空白了。只记着，我在强烈的阳光下，拖着沉重的步伐一步一步艰难地行走着。

回到家里后，立马躺在床上，一睡就是五个小时。这么一次本应永留记忆的难忘盛会，就这样稀里糊涂地度过了。但同学们聚在我家熬通宵这件事，永远忘不了。

老张：我在你们眼中什么样？

(集体添加的老张自画像)

老张：我很喜欢同学们帮我添加的这幅自画像，同学们给我画上了眼睛、眼镜、项链，头上戴了花儿，鼻梁上点了雀斑，我顿时生动起来了！可贵的是给我画上了耳朵，我的自画像从来不画耳朵，因为我的确听不进别人的话。我在你们眼中什么样？

凤儿：老师，你还记得开学的时候你给我们介绍自己时，在黑板上画了一个大大的"U"字，说同学们开始会认为你很好，过段时间评价就会降低，但最后又会上来。现在想想还真是这样。

老张：这跟我性格有关。我在孩子们面前不掩饰，优点、缺点都会暴漏无遗。所以到了一定的时间，等毛病都出来，同学们会失望的。

凤儿：老师您太认真又太感性。有时我们跟不上你的时候，你就会动感情。

班长：老师喜欢哭。感动的时候哭，生气的时候哭，委屈的时候哭……

老张：（急忙打断）总之是一个很真实的人。哈哈！

凤儿：老师平时很放松，但当同学们犯错的时候，很严厉。

君君：岂止严厉，有时候是不要命。跟我那件事，你是豁上了。我当时也不理解，我如果当了学生会主席也是给你长脸的事，干嘛拼命把我拿下来。我当时心里在骂你。

老张：所以斗争才那么惨烈！其实那已经不是对工作的态度了，是对自己孩子的态度。就是犟！

君君：我也犟。这就杠上了。但最后还是你赢了。我认为感性的人才有创造力，我们就是你的艺术品。反正我是被你打造出来了。你不知道我原来是个什么样子，初中的时候跟老师对打，她打我一耳光，我打她一耳光。

你在我们心目中是多面的，也是多变的。平时你给我们的印象是朋友，但当我犯了错的时候，你会大声告诉我："我是你老师，不是你朋友！"

凤儿：这就是该严厉的时候严厉嘛。要不怎么能叫亦师亦友呢？

班长：有时候也感觉你挺可爱的。比如，你有时候在说什么事，下面同学插话，你会说"昂""对""是"，其实，大家说的根本不是一回事。我们都明白，就你不明白。我们爆笑，你却一脸无辜。

老张：幸亏有这种游戏，要不还不逆反了？

凤儿：跟许多老师不同的是感觉张老师不把老师当个职业做，是当自己的事干。

老张：是自己的事。

君君：我觉得你是个不怕事的人。春游、秋游这样的事其实上级早就不提倡了，而我们却玩了好几次。

老张：家长领着自己的孩子玩玩还怕什么？

凤儿：我们老师是有缺点，但真诚对每个学生，即使偶尔与我们交流的方式可能有的人不太接受，但学生们也不是不懂事。就跟一家人一样了，哪里有孩子去挑剔父母的性格是感性还是理性的？

后记

跟孩子一起，最浪漫

2007年，已经一把岁数的我，主动申请带一个计算机应用专业的大专班。在路上碰一同事，热情打招呼："听说你又当班主任了？""是啊，又当了。""你还想让你的学生跟你一样浪漫啊？"此话，虽无恶意，但绝非夸赞。浪漫，在中国教育界，从没得到肯定。说你是个浪漫的老师，其实，就是不成熟，不靠谱的意思。我在别人眼里，从来不符合"好老师"的标准，他们认为我天真，幼稚，本身就像个孩子。

仔细想想，我还真是个浪漫的人，跟孩子在一起的时候我最浪漫。

但是，浪漫有什么不好？轻盈柔软点不好吗？必须裹着厚重的铠甲，活得辛苦又疲惫吗？难道老师就必须是一个完美的形象，不能有自己的个性吗？老师也是人啊！如果我的学生都能跟我一样热爱生活，有一颗赤子心，对人对己都挺不错的。

朋友说，"你怎么愿意吃那个苦呢？这把年纪，什么都不缺了，还当班主任，真傻！"可我就愿意当班主任，跟孩子一起，我快乐。来到职业学校，没有高考的压力，教育的乐趣更大一些。

记得，我女儿曾由衷地说："妈妈，你的傻不是装的。"看来，我天生有点"傻"。做班主任这可能不是个坏事，正因为我"傻"，孩子们才有安全感，从而信任我，亲近我，愿与我交心，我这个班主任才能做得有滋味；也正因为我"傻"，不懂得怎样控制别人，所以才给了孩子们自由成长的空间，生命成熟过程中的责任，由他们自己来承担，孩子们才会健康的长大，长好。关键是我这个"傻子"老师教出来的学生可不傻，而且，经常比别人教的孩子有出息。

我有个经验，几十年来我送过中考，送过高考，带过职高，无论什么样的学生，当我一本正经给他们讲大道理的时候，他们往往听不进去，而当我安安静静地该干嘛干嘛，甚至犯点儿小错的时候，他们反而喜欢我。你说这是怎么回事？

尽管，我科班出身，古今中外教育论著也读了不少，而且，还读了中科院心理学研究生，教育学、心理学的理论也没觉得工作中用多少。看人家教育理论总结得一套套的，可我干了20多年的班主任，这要写书了，却也总结不出一个像样的理论。算了，还是说故事吧，原生态呈现，把故事交给读者，把理论交给理论家，我只做叙述者，提供一个中国职业教育的案例（跟孩子打交道久了，只会说孩子话）。至于你怎么看这些故事和人物，那是见仁见智，各有所得的事，我只负责真诚。

傻人有傻福。我有孩子缘，而我所选择的职业又在不断修炼中成全了这种缘分，所以，我偷着乐。也许对别人来说，做老师只是一种职业，在我却是兴趣。我凭兴趣做事，不累。如果可能，我会做到退休。我的学生都知道，退休了，我还想办一个幼儿园，守着一大帮可爱的孩子，使劲儿地亲，那就是我人生最大的理想了。

浪漫人，做浪漫事，且以此为职业，得感谢上苍！

当然，更应该感谢我足下的土地，我深爱着的这片教育沃土——青岛电子学校，在这儿，成就了一个教师的幸福和梦想。20年，我已与他融为一体，就像老夫老妻，你也说不出爱他什么，只感觉离不开。

但是，我终究要离开。于是，我决定在我退休前，尽量为挚爱的学校多做点事情，包括写这本书。

说到这儿，我要感谢为本书的出版作出具体贡献的人，他们是：本书的主审和主荐者，青岛电子学校开疆拓土的领头人，崔西展校长；拨冗赐序的恩师毕希名教授和亦师亦友的青岛市职教教研室副主任刘炜；本书策划人责任编辑，中国书籍出版社教育分社的杨晓英副社长；我的朋友卫洲、陶俊杰。还要感谢不断催促我"交作业"的我那班孩子们，尤其是张君、王晓玉、刘振邦、刘增凤等大力协助，以及为本书取名，设计封皮，画插图的女儿和不断劝我放弃的丈夫。

历经三年努力，我们共同完成了一件浪漫的事。

张 翼

2015 年 11 月 8 日

图书在版编目（CIP）数据

半个老班半个妈 / 张翼著. —— 北京：中国书籍出版社，2016.1

ISBN 978-7-5068-5338-5

Ⅰ.①半… Ⅱ.①张… Ⅲ.①教育研究–中国 Ⅳ.①G52

中国版本图书馆 CIP 数据核字(2015)第 298887 号

半个老班半个妈

张翼　著

责任编辑	杨晓英
责任印制	孙马飞　马　芝
封面设计	邹孟荷
出版发行	中国书籍出版社
地　　址	北京市丰台区三路居路 97 号（邮编：100073）
电　　话	（010）52257143（总编室）　　（010）52257153（发行部）
电子邮箱	chinabp@vip.sina.com
经　　销	全国新华书店
印　　刷	青岛新华印刷有限公司
开　　本	787 mm × 1092 mm　1 / 16
字　　数	165 千字
印　　张	14.5
版　　次	2016 年 1 月第 1 版　　2016 年 1 月第 1 次印刷
书　　号	ISBN 978-7-5068-5338-5
定　　价	32.00 元

版权所有　翻印必究